Heinz A. Richter

Smyrna 1922: ein Augenzeugenbericht

Peleus
Studien zur
Geschichte Griechenlands und Zyperns
Herausgegeben von Heinz A. Richter

Band 118

Harrassowitz Verlag Wiesbaden
in Kommission

Vormals Verlag Franz Philipp Rutzen
www.rutzen-verlag.de

Heinz A. Richter

Smyrna 1922
ein Augenzeugenbericht

2022

HARRASSOWITZ VERLAG · WIESBADEN
IN KOMMISSION

PELEUS
Studien zur Archäologie und Geschichte Griechenlands und Zyperns
Herausgegeben von Heinz A. Richter
Band 118

Umschlagvignetten:
Umschlagbild: Smyrna nach dem Brand mit Kai voller Menschen
Gegenüber Titelblatt: Innenbild einer Schale des Peithinosmalers, Berlin, Pergamonmuseum
(CVA Berlin 2, Taf. 61).

Bibliografische Information der Deutschen Nationalbibliothek
Die Deutsche Nationalbibliothek verzeichnet diese Publikation in der Deutschen
Nationalbibliografie; detaillierte bibliografische Daten sind im Internet
über http://dnb.d-nb.de abrufbar.

Bibliographic information published by the Deutsche Nationalbibliothek
The Deutsche Nationalbibliothek lists this publication in the Deutsche
Nationalbibliografie; detailed bibliographic data are available in the internet
at http://dnb.d-nb.de

Copyright: Herausgeber und Autor, 2021
Alle Rechte vorbehalten. Ohne ausdrückliche Genehmigung der Rechteinhaber ist es nicht
gestattet, das Buch oder Teile daraus auf fotomechanischem Wege (z.B. Photokopie, Mikrokopie) oder unter Verwendung elektronischer Systeme zu bearbeiten, zu vervielfältigen oder
zu verbreiten.
Printed in Germany on fade resistant and archival quality paper (PH 7 neutral).
Gesamtherstellung: Beltz Bad Langensalza GmbH, Bad Langensalza

www.harrassowitz-verlag.de

ISBN 978-3-447-11927-6
ISSN 1868-1476

Inhalt

Vorgeschichte: Der Brand Smyrnas	7
Die Vertreibung der Griechen aus Smyrna 1922	20
Der Waffenstillstand von Mudania	37
Clare Sheridan: The English Eyewitness report of the expulsion of the Greeks (1938)	41
Bibliographie	54

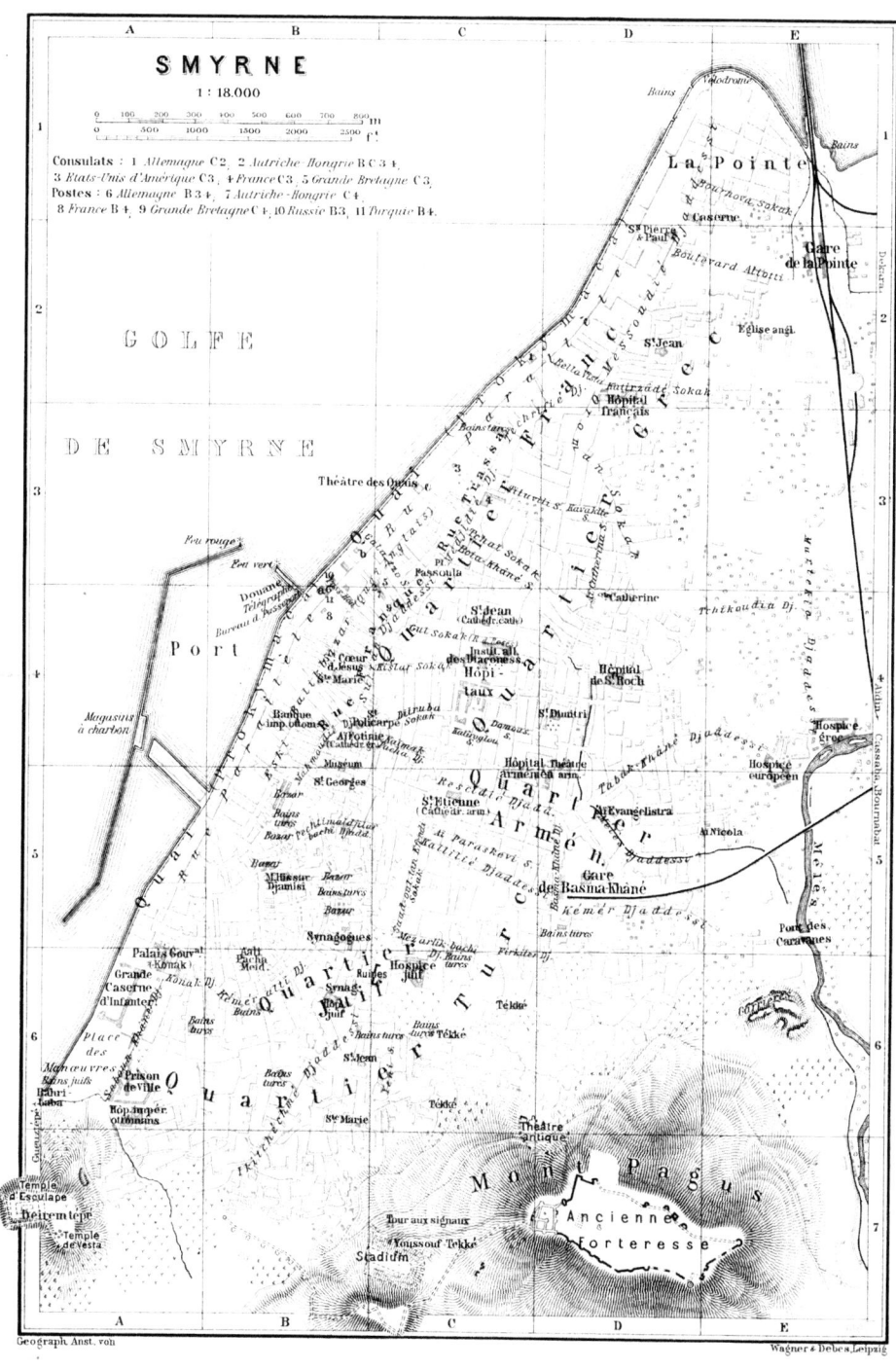

Stadtplan von Smyrna

Vorgeschichte

Mitte September 1922 wurden die geschlagenen griechischen Truppen aus Kleinasien von der Halbinsel Cesme evakuiert. Damit war zwar der militärische Teil des kleinasiatischen Abenteuers Griechenlands beendet, aber das Martyrium für die Griechen Kleinasiens begann erst. Bis zum 1. September hatte die griechische Bevölkerung Smyrnas sich wenig um die Ereignisse an der Front gekümmert, aber an diesem Tag trafen die ersten Züge mit Verwundeten in der Stadt ein, und gleichzeitig wurde bekannt, dass die Stadt Uşak von der türkischen Armee eingenommen worden war. In den folgenden Tagen strömten Flüchtlinge und flüchtende Soldaten nach Smyrna. In einem Gespräch mit den Konsuln der Westmächte am 3. September bat der Oberkommandierende der griechischen Streitkräfte General Chatzianestis, ihre Regierungen sollten versuchen, bei Kemal einen freien Abzug für die griechische Armee zu erlangen. Die Mächte lehnten ab, sandten jedoch insgesamt 21 Kriegsschiffe in den Hafen von Smyrna, um ihre eigenen Staatsbürger zu schützen. Bis zum 7. September, dem Tag des griechischen Abzuges, stieg die Zahl der Flüchtlinge in Smyrna auf weit über 100.000 an. Nachdem die griechische Armee und die Zivilverwaltung an diesem Tag die Stadt verlassen hatten, landeten die Amerikaner, Briten, Franzosen und Italiener Matrosen zum Schutz ihrer Konsulate und sonstigen Einrichtungen, aber auch nur dieser. In der Stadt herrschte gespannte Ruhe.¹

Nureddin Pascha und Mustafa Kemal

Am 8. September erreichte die türkische Kavallerie Smyrna und am 10 folgte die Infanterie. Kommandeur Mustafa Kemal übertrug das Kommando über die Truppen auf General Nureddin Pascha, obwohl er wusste, dass dieser die Griechen nicht mochte. Er selbst begab sich zu seiner Partnerin viele Kilometer außerhalb der Stadt. Der Kommandeur der 1. Türkischen Armee Nureddin Pascha hatte seinen Truppen befohlen, die militärische Disziplin zu wahren und die Zivilbevölkerung in Frieden zu lassen. Obwohl der Kommandeur der Kavallerie bereits das Kriegsrecht über Smyrna verhängt hatte, begannen türkische Zivilisten noch am 9. September mit der Plünderung griechischer und armenischer Geschäfte, an der sich schon bald Soldaten beteiligten.² Am 11. September erschien Kemal in der Stadt, um sich als Sieger feiern zu lassen. Obwohl er zuvor den Alliierten versichert hatte, dass den Minoritäten nichts geschehen werde, begannen an diesem Tag die Ausschreitungen. Der griechische Metropolit von Smyrna, Chrysostomos, wurde vor den Augen des Generals Nureddin vom Mob ermordet, ohne dass der General einen Finger rührte. Das Armenierviertel wurde systematisch ausgeraubt, die Männer wurden erschlagen, und die Frauen und Mädchen vergewaltigt.

---

1 Die Darstellung folgt, so nicht anders vermerkt, Marjorie Housepian, *Smyrna 1922. The Destruction of a City* (London: Faber, 1972), pp. 108-110 und Heinz A. Richter, *Der griechisch-türkische Krieg 1918-1922 (*Mainz. Rutzen: 2016), pp. 169-182.
2 *Ibidem*, p. 127f.

Am 13. September schrieb ein französischer Offizier in sein Tagebuch: *"The Armenian quarter is a charnel house. [...] In three days this rich quarter is entirely ravaged. The streets are heaped with matrasses, broken furniture, glass, torn paintings. Some young women and girls, especially pretty ones, have been taken away and put into a house that is guarded by Turkish sentries. They must submit to the whims of the patrols. One sees cadavers in front of the house. They are swollen and some have exposed entrails. The smell is unbearable and swarms of flies cover them. [...] There are no men in this quarter; all are dead, or hiding, or they have been taken away."*[1] Die Matrosen des englischen Schlachtschiffes *Iron Duke* beobachteten die Massaker durch ihre Ferngläser.[2]

Im Gegensatz zu den Armeniern, die systematisch ausgerottet wurden, gingen die Türken gegen die Griechen weniger brutal vor. Es gab zwar Übergriffe und Morde, aber diese hatten eher zufälligen Charakter. Unter denen, die aufgrund einer schwarzen Liste im Gefängnis landeten, war der Vater des damals 16 Jahre alten Artistotelis Onassis. Der Grund für das gemäßigte Verhalten war, dass es im Gegensatz zu den Armeniern für die Griechen einen Ort gab, wohin man sie vertreiben konnte: Griechenland. US-Konsul Horton gewann den Eindruck, dass man nach einem genauen Plan gegen die Armenier vorging.[3]

Am Mittwoch dem 13. September wurden die Europäer und Amerikaner evakuiert. Hepburn holte sich das Einverständnis der Türken und so konnten auch die naturalisierten Amerikaner evakuiert werden. Die Italiener und Franzosen sowie die Briten hatten sich ebenfalls die Zustimmung geholt und so versammelten sich die verschiedenen Nationalitäten am Kai gegenüber den Kriegsschiffen ihrer Nationalität und wurden auf die Schiffe geholt.[4]

Am Ende dieser Brutalitäten hatte Horton an Bord der *Litchfield* ein unglaubliches Erlebnis. Er hörte die Unterhaltung zweier Journalisten: *"One of the men suddenly stopped writing, read over what he had written, and tore the sheet from the machine. 'I can't send this stuff,' he said as crumbled the paper in his fist. 'It'll queer me in Constantinople.' His companion agreed. It was time, they told each other, to be moving on 'to dig up some Greek atrocities'."* In der Tat sandten sie Berichte, in denen von griechischem, armenischen und türkischen Plündern vor dem Eintreffen der türkischen Armee die Rede war. Die türkische Armee habe sich sehr diszipliniert erwiesen.

Der Brand Smyrnas
In einem Telegramm vom 14. September ans State Department übernahm Admiral Bristol ungeprüft die Behauptung eines Mitarbeiters des Roten Kreuzes, wonach die griechische Armee Smyrna abgefackelt habe.[5] Über die Ursachen des Brands von Smyrna und seinen Ablauf gibt es eine Reihe von Darstellungen, die auf Aussagen von Augenzeugen beruhen. 1926 erschien das Buch von George Horton, der zum Zeitpunkt der Ereignisse amerikanischer Konsul in Smyrna war.[6] Erst 1972 folgte die Studie von Marjorie Housepian, die auf Aussagen von Augenzeugen beruht. Sie veröffentlichte zahlreiche Augenzeugenberichte, aus denen eindeutig

---

1   *Ibidem*, p. 150.
2   *Ibidem*, p. 139.
3   *Ibidem*, p.151f.
4   *Ibidem*, p. 154.
5   *FRUS 1922*, II, p. 421.
6   George Horton, *The Blight of Asia, An Account of the Systematic Extermination of Christian Populations by Mohammedans and of the Culpability of Certain Great Powers; with the True Story of the Burning of Smyrna.* (Indianapolis: The Bobbs-Merrill Company, 1926); repr. (London: Sterndale Classics and Taderon Press,, 2003).

hervorgeht, dass es die Türken waren, die auf Befehl systematisch das Armenierviertel in Brand setzten.¹ Auch das 2008 erschienene Buch von Giles Milton basiert auf einem intensiven Quellenstudium und den Aussagen von Überlebenden des Massakers.² Smiths Darstellung von 1973 enthält weitere Augenzeugenberichte.³ Das Tagebuch des armenischen Arztes Garabed Hatscherian liefert weitere Einzelheiten.⁴ Das eher populärwissenschaftliche aber ansonsten ausgezeichnete Werk von Urenek aus dem Jahr 2015 ist geradezu ein Kompendium von Einzelheiten und stimmt voll mit den oben aufgeführten Autoren überein.⁵ Alle Autoren kommen zu derselben Schlussfolgerung, nämlich, dass das Feuer von der türkischen Seite gelegt wurde. Stanford J. Shaw, Professor für türkische Geschichte von der University of California und Bilkent University in Ankara bestreitet in seiner Geschichte des türkischen Befreiungskrieges dies, ohne einen überzeugenden Gegenbeweis vorzulegen.⁶

Kemal behauptete später gegenüber Dumesnil, dass die Brände von einer armenischen Organisation geplant und gelegt worden seien. In den armenischen Kirchen sei die Brandlegung als heilige Pflicht der Gläubigen verkündet worden. Man habe in armenischen Häusern Petroleum gefunden.⁷ Später behauptete er, dass Erzbischof Chrysostomos hinter der Brandlegung gesteckt habe.⁸ Diese Behauptung hatte mit der Wahrheit nichts zu tun. Die Darstellung von Kinross in seiner Atatürk-Biographie versucht von den entsetzlichen Tatsachen abzulenken und zu verharmlosen: *"Others accused the Turks themselves of deliberately starting the fire under the orders or at least with the Connivance of Nur-ed-Din Pasha, who had a reputation for fanaticism and cruelty. More probably it started when the Turks, rounding up the Armenians to confiscate their arms, besieged a band of them in a building in which they had taken refuge. Deciding to burn them out, they set it alight with petrol, placing a cordon of sentries around to arrest or shoot them as they escaped. Meanwhile the Armenians started other fires nearby to divert the Turks from their main objective. The quarter was on the outskirts of the city. But a strong wind, for which they had not allowed, quickly carried the flames towards it. By the evening several other quarters were on fire, and the houses, built flimsily of lath and plaster, had been reduced to ashes. The flames were being spread by looters, and doubtless also by Turkish soldiers, paying off scores. The fire brigade was powerless to cope with such a conflagration, and at Ismet's headquarter the Turks alleged that its hose-pipes had been deliberately severed. He himself chose to declare that the Greeks had planned to burn the city."*⁹

In Dietrich Gronaus Atatürk-Biographie lösten angebliche Straßenkämpfe mit versprengten griechischen Truppen den Brand aus.¹⁰ Die meisten türkischen Darstellungen vertreten die Ansicht, dass das Feuer auf Sabotage der Armenier und Griechen zurückzuführen sei.¹¹ Auch Sean McMeekin weicht in seinem 2015 erschienen Buch einer klaren Antwort aus.¹² Die Stu-

---

1 Marjorie Housepian, *Smyrna 1922. The Destruction of a City* (London: Faber, 1972).
2 Giles Milton, *Paradise Lost: Smyrna 1922: The Destruction of Islam's City of Tolerance*, (London:; Hodder & Stoughton, 2008).
3 Smith, *op. cit.*, p. 308f.
4 Dora Sakayan, *Smyrna 1922. Das Tagebuch des Garabed Hatscherian* (Klagenfiurt-Wien: Kitab, 2006).
5 Lou Ureneck, *The Great Fire. One American's Mission to Rescue Victims of the 20th Century's First Genocide* (New York: Harper-Collins, 2015).
6 Shaw, *op. cit.*, IV, p. 1731.
7 Kinross, *op. cit.*, p. 324.
8 Niki Karavasilis, *The Whispering Voices of Smyrna* (Pittsburg, Dorrance, 2010), p. 208.
9 Kinross, *op. cit.*, p. 324f.
10 Gronau, *op. cit.*, p. 205.
11 Milton, *op. cit.*. p. 307.
12 Sean McMeekin, *The Ottoman Endgame. War, Revolution and the Making of the Modern Middle East, 1908-*

die von Johannes Glasneck vermutet, dass die Griechen das Feuer gelegt hätten, ohne einen Beweis vorzulegen.[1] In der offiziösen Atatürk-Biographie waren es versprengte Feinde.[2] Nach einem SAM-Paper aus Ankara waren es die Armenier, die das Feuer legten.[3]

Doch zurück: Seit einigen Tagen wurde es immer deutlicher, dass die Türken planten, das Armenierviertel in Brand zu setzen. Am 11. September schrieb Reverend Abraham Hartunian in sein Tagebuch: *"Today I saw with my own eyes the Turks taking bombs, gunpowder, kerosene and everything necessary to start fires, in wagonfuls here and there through the streets."* Die Lehrerin Anita Chakerian sah, dass am Dienstag dem 12. September sogar Benzinfässer auf Transportwagen ins Armenier-Viertel geschafft wurden.[4]

Konsul Horton hatte vom amerikanischen Hochkommissar in Konstantinopel, Admiral Bristol, den strikten Befehl erhalten, dass kein amerikanischer Diplomat oder Funktionär oder sonstiger Offizieller den Armeniern oder Griechen helfen dürfe. Aber er sammelte die Aussagen von Privatpersonen, die er persönlich gut kannte.[5] In seinem Buch liefert er Beweise, dass es die Türken waren, die das Feuer im Armenierviertel legten: Die Direktorin des Intercollegiate Institute, der ältesten und am stärksten amerikanisch geprägten Schule der Türkei, Minnie Mills, erzählte Horton: *"I could plainly see the Turks carrying the tins of petroleum in the houses, from which, in each case instance, the fire burst forth immediately afterward There was not an Armenian in sight, the only persons visible being Turkish soldiers of the regular army in smart uniforms."* Anna Birge, die Frau eines Missionars berichtete: *"I went up into the tower of the American College at Paradise, and, with a pair of field-glasses, could plainly see Turkish soldiers setting fire to houses. I could see Turks lurking in the fields, shooting at Christians. When I drove down to Smyrna from Paradise, there were dead bodies all along the road."*[6]

Ein Feuerwehrmann namens Tchorbadjis *"found the streets awash with Turkish Military 'There were plenty of armed soldiers going about. One of them went in where there was an Armenian family hiding and massacred the lot. When he came out, his scimitar was dripping with blood. He cleaned it on his boots and leggings."*[7]

Als in der Nacht des 12. September der Wind drehte und vom Moslemviertel wegblies, brachen nach Mitternacht zahlreiche Feuer aus. Der Wind trieb die Flammen in Richtung auf das griechische und das europäische Viertel zu. Da die Häuer Smyrnas fast ausschließlich Holzkonstruktionen waren, brannten diese Stadtviertel wie Zunder. Die Feuerwehr versuchte, den Brand im armenischen Viertel einzudämmen. Als der griechische Feuerwehrmann Immanouil Katsaros versuchte, mit seinen Männern den armenischen Club zu retten, erschienen türkische Soldaten und gossen einen Brandbeschleuniger ins Klavier. Als er sich bei einem türkischen Wachposten beschwerte, dass man sich einerseits bemühe, den Brand einzudämmen und andererseits lege man Feuer, antwortete der Soldat: *"You have your orders [...] and we have ours. This is Armenian property. Our orders are to set fire to it."*[8]

Horton zitiert den Brief eines prominenten Amerikaners, der damals vor Ort war: *"It is quite clear in my mind that there was a definite plan to burn out the Christian quarter after it*

1923 (London: Allen Lane, 2015), p. 476f. Ähnlich ungenau MacMillan, *op. cit.*, p. 593
1 Johannes Glasneck, *Kemal Atatürk und die moderne Türkei* (Freiburg: Ahriman-Verlag, 2009), p. 144.
2 Turkish National Commission for Unesco (ed.), *Atatürk Biography* (Ankara, 1981), p. 129.
3 *SAM Papers 99/No. 7* (Ankara, 1999).
4 Housepian, *op.cit.*, p. 155.
5 Milton, *op. cit.*, p. 279.
6 Horton, *op. cit.*, p. 51.
7 Milton, *op. cit.*, p. 304f.
8 Housepian, *op. cit.*, p. 157.

had been looted. The time for starting the great fire was when the wind was blowing away from the Turkish quarter. I remarked when the fire began. I am sure the Turkish authorities will say one of two things, either that the retreating Greek army set the city on fire, or the Armenians. Exactly this has been published in Italian and French papers."[1]

Augenzeuge Raber schrieb: *"In the papers there was much discussion as to who started the fire. The Turks say the Greeks and Armenians burned the city, and they say it was the Turks. From what I saw and from evidence collected from both Turks and Greeks, there is only one conclusion: The burning of Smyrna was the work of the Turks. Why should the Greeks burn their own houses and endanger their own lives? Why was the fire started in the southeast section of the Greek and Armenian quarter at a time when there was a strong breeze from the southeast, a breeze which drove the flames over the Greek and Armenian sections and then down to the quay, wiping out the business section? If the Greeks had burned the city, would they have left the Turkish section practically intact?"*[2]

Die Bewohner flüchteten vor der Flammenwalze in Richtung auf den Kai. Im Laufe des Mittwoch (13. 9.) sammelten sich Zehntausende auf der Promenade zwischen den Häusern und dem Kai. In den folgenden Stunden ergriff das Feuer auch die griechischen Stadtviertel, und weitere Zehntausende drängten sich in Panik mit ihren wenigen geretteten Habseligkeiten auf den Kai. Zu diesem Zeitpunkt hielten sich mindestens 700.000 Menschen in Smyrna auf.[3] Etwa eine halbe Million Menschen drängten am Kai. Ein seitwärtiges Entkommen war ausgeschlossen, weil die Türken im Norden wie im Süden der Wasserfront Maschinengewehre aufgestellt hatten. Parallel zum Kai war eine undurchdringliche Feuerfront.[4] *"The screams of the frantic mob on the quay could be easily heard a mile distant. There was a choice of three kinds of death: the fire behind, the Turks waiting at the side streets, and the ocean in front. As men and women left their homes to rush down to the sea, Kurds watching in the streets attacked, robbed and killed at leisure, [...] In modern chronicles there has probably been nothing to compare to the night of Sept. 13 in Smyrna. Soldiers even as high in rank as captains stooped to robbery and murder. All the base passions which man is capable of feeling and responding to were released that night and from sunset to sunrise there was in Smyrna a veritable hell on earth - a perfect orgy of violence and crime."*[5]

Horton hatte inzwischen fast die ganze amerikanische Kolonie (etwa 300 Personen) im Theatre de Smyrne, das einem naturalisierten Amerikaner gehörte, versammelt. Vom Konsulat aus, sah er wie die Flammen und der Rauch immer näher rückten. *"The flames consumed the Armenian quarter with such appalling rapidity as to make it certain that the Turks were augmenting them with inflammable fluids. Bluejackets sent to the scene reported that they saw Turkish soldiers throwing rags soaked in petroleum into Armenian houses."* Als die Flammen immer näher rückten, empfahl der Marineoffizier im Konsulat, sich rasch an Bord des amerikanischen Kriegsschiffes zu begeben, weil bald auf dem Kai kein Durchkommen mehr sein werde. Horton ließ seine Habseligkeiten und Akten in ein Auto des Konsulats packen und zum Kai bringen, wo sie an Bord des Zerstörers gebracht wurden. Wenig später wurden die Amerikaner an Bord gebracht. Zurückblickend auf die brennende Stadt fühlte sich Horton an das brennende Karthago erinnert, das die Römer abgefackelt hatten, aber es gab einen Unterschied: *"At the destruction of Smyrna there was one feature for which Carthage present no*

---

1   Horton, *op. cit.*, p. 52.
2   Raber, *op. cit.*, p. 316.
3   Milton, *op. cit.*, p. 302.
4   *Ibidem*, p. 322.
5   Raber, *op. cit.*, p. 317

parallel. There was no fleet of Christian battleships at Carthage looking on at a situation for which their governments were responsible. [...] The Turks were glutting freely their racial and religious lust for slaughter, rape and plunder within a stone's throw of the Allied and American battleships. Because they had been systematically led to believe that they would not be interfered with. A united order from the commanders or from any two of them - one harmless shell thrown across the Turkish quarter - would have brought the Turks to their senses."[1]

Auch die Franzosen, Italiener und Briten bemühten sich ihre Bürger und die Naturalisierten an Bord ihrer Schiffe zu bringen. Darunter waren die sog. Levantiner, Europäer, die seit langem, manchmal schon seit Generationen in Smyrna lebten. Die meisten dieser levantinischen Dynastien waren extrem reich. Ihr Geld lag auf den lokalen Banken, und nun brannten diese Banken ab. Der in Jahrzehnten wenn nicht gar in Jahrhunderten erworbene Reichtum ging in Flammen auf.[2]

Am 14. September (Donnerstag) erreichte das Feuer die Häuser an der Promenade am Kai. Ein YMCA Mitarbeiter fühlte sich an Szenen aus Bulwer Lyttons Roman *Die letzten Tage von Pompeji* erinnert. Die Menschen tauchten Decken ins Hafenwasser, um sich vor der Glut zu schützen. Andere versuchten, auf überladenen Ruderbooten, Barken oder improvisierten Flössen zu den alliierten Kriegsschiffen zu gelangen. Die Italiener nahmen jeden auf, der zu ihnen gelangen konnte. Die französischen Konsularbeamten erteilten jedem ein Visum, der ein paar Brocken Französisch konnte. Diese Glücklichen wurden von den französischen Schiffen an Bord genommen.[3]

Die Kommandeure der britischen und amerikanischen Kriegsschiffe wiesen zunächst alle jene ab, denen es mit Barken gelungen war, die auf der Reede liegenden Kriegsschiffe zu erreichen. Als die Dunkelheit einbrach, wurden Flutlichter angestellt, um die Schwimmer zu entdecken, die es bis zu dem Kriegsschiffen geschafft hatten. Man verweigerte ihnen die Aufnahme an Bord. Die Amerikaner und Briten beschränkten sich zunächst aufs Zusehen und - drehten Filme.[4] Da die Schreie der Verzweifelten auf dem Kai immer lauter und schriller wurden, ließen die Kapitäne der Kriegsschiffe Schallplatten abspielen.[5] Die Alliierten wollten keinen Ärger mit Kemal. Die wenigen Journalisten vor Ort, die von ihren diplomatischen Vertretern zur Zurückhaltung aufgefordert worden waren, schwiegen in ihren Berichten darüber oder logen ihren Lesern etwas vor, wie der Reporter der *Chicago Daily News*, John Clayton, der folgendes schrieb: *"'After forty-eight hours of Turkish occupation the population has begun to realize there is not going to be any massacre. Remembering the horrors of Greek occupation in 1919, when more than four thousand Moslems were butchered, the Christian population has been clamoring for protection.' Clayton's article referred to a little looting and few victims of private feuds ('Turks, Greeks, and Armenians'), but announced that 'the discipline and order of the Turks was excellent'."*[6]

Kurze Zeit nachdem die Amerikaner evakuiert worden waren, steckten die Türken das Konsulat an. Dasselbe geschah mit dem britischen und französischen Konsulat sowie der Alliance Française. Dort hatten über 500 Menschen Schutz gesucht, die nun zum Kai strömten. *"Like ants, the people kept swarming toward the sea as churches, schools, and orphanages disgorged their inhabitants. They came out of hospitals, some on litters, others bearing infirm*

---

1 Horton, *op. cit.*, p. 54.
2 Milton, *op. cit.*, p. 318.
3 Housepian, *op. cit.*, p. 170f.
4 *Ibidem*, p. 162.
5 Milton, *op. cit.*, p. 320.
6 Housepian, *op. cit.*, p. 166.

and aged on their backs. [...] The Turks were going through the crowd with swords, robbing people, snatching girls, doing what they pleased." Am Abend drängten sich über 400.000 Menschen auf dem Kai. Als die Türken begannen Petroleum zwischen die Flüchtlinge am Kai zu gießen und dieses in Brand setzten, waren die Beobachter auf den alliierten Schiffen entsetzt. Im Gegensatz zu den Italienern und den Franzosen weigerte sich der britische Admiral Brock, Flüchtlinge an Bord zu lassen. Er hatte Nureddin seine absolute Neutralität versichert. Erst gegen Mitternacht erklärte er sich unter dem Druck seiner Offiziere bereit, Flüchtlinge an Bord zu nehmen. Insgesamt wurden so bis zum nächsten Morgen 20.000 Menschen gerettet.[1] Die meisten waren Europäer und Levantiner. Für die 320.000 Griechen Smyrnas sah die Zukunft düster aus.[2]

Die Szene auf dem Kai kurz vor Sonnenaufgang schildert ein amerikanischer Marineleutnant: *"The entire city was ablaze and the harbour as light as day...Thousands of homeless were surging back and forth along the blistering quay, panic-stricken to the point of insanity. The shrieks of the women and children were painful to hear. In a frenzy they would throw themselves into the water, and some of them would reach the ship. The crowds along the quay were so thick and tried so desperately to close in abreast of the men-of-war anchorage, that the masses in the stifling center had nowhere to go but into the sea. Fortunately, the quay wall never got actually hot enough to roast these unfortunate people alive but the heat must have been terrific there to have been felt on the ship two hundred yards away. To add further to the confusion the packs belonging to these refugees, consisting mostly of carpets and clothing, caught fire, making a chain of bonfires the length of the street. Occasionally the pack on a horse's back would take fire and he would go charging through the crowd at breakneck speed, knocking right and left the Christian minorities, truly a 'fiery steed'. The U.S. headquarters at Smyrna theatre appeared like a large ball of fire. So hot was it in the street in front of this building that the four automobiles and two trucks parked at the door were burnt to cinders. Some of us saw a grim humour in the sign over the arched door in black letters two feet high. It was the name of the last movie shown: 'Le Tango de la Mort'."*[3]

Gegen Abend wurde deutlich, dass die Türken inzwischen dazu übergingen, systematisch die Armenier unter den Flüchtlingen aufzuspüren und sie auf dem Kai zu erschlagen. Captain Hepburn schlug in Abstimmung mit dem Vertreter des Roten Kreuzes vor, eine Besprechung aller Kommandeure und Konsuln abzuhalten, um über die Möglichkeit einer Intervention zu reden. Doch auch jetzt noch weigerten sich die Kommandeure der alliierten Schiffe, sich in irgend einer Form einzumischen.[4]

Am Morgen des 15. September sah Captain Hepburn, dass die Brände langsam erloschen; das Feuer fand keine Nahrung mehr. Smyrnas armenische, griechische und fränkische (europäische) Stadtteile waren abgebrannt. Nur das türkische und das jüdische Viertel, das Eisenbahndepot und der Bereich der Standard Oil Company hatten überlebt.[5] Die armenische, französische und griechische Kathedralen waren zerstört, ebenso die bekannten Hotels (*Splendid, Palace*) und die meisten europäischen Konsulate, das Theater und die Einkaufsstraße. Das alte hellenische Smyrna war verschwunden, genauso wie das christliche. 2.500 Jahre Geschichte waren vorüber.

Kemal und seine Entourage hatten diese schlimmen Tage im schicken Vorort Bornova als

---

1 *Ibidem*, pp. 168f, 172; Milton, *op. cit.*, p. 322.
2 Milton, *op. cit.*, p. 329.
3 Bericht von Leutnant A. S. Merill zitiert nach Housepian, *op. cit.*, p. 173.
4 *Ibidem*, p. 175f.
5 *Ibidem*, p. 177.

Gäste von Latife Muammer, der Tochter eines reichen Kaufmanns verbracht, die er wenig später heiratete, um sich bald darauf wieder scheiden zu lassen. Für Kemal war die Zerstörung Smyrnas *"a disagreeable incident [...] but essentially 'an episode of secondary importance',"* wie er sich gegenüber Admiral Dumesnil äußerte.[1] Milton schreibt, dass Kemal Smyrna seit seinem ersten Besuch dort 1905 nicht mochte, da dort zu viele Ungläubige lebten.[2]

Am 15. September erfuhr der italienische Admiral, der enge Beziehungen zum türkischen Führungszirkel hatte, dass die Türken jeden Flüchtling, der sich am 1. Oktober noch auf türkischem Boden befand, ins Landesinnere deportieren würden. Der Admiral begriff sofort, was das bedeutete und berief ein Treffen für den Nachmittag ein. Es kamen die Konsuln, Hepburn und Vertreter von Brock und Dumesnil. Als bekannt wurde, dass Dumesnil bei Kemal war, vertagte man sich, um die Informationen des französischen Admirals abzuwarten.[3]

Am 16. September verkündeten Maueranschläge, dass alle armenischen und griechischen Männer zwischen 18 und 45 als Kriegsgefangene betrachtet würden. Alle übrigen Griechen und Armenier sollten bis zum 1. Oktober das Land verlassen. Die Deportation ins Landesinnere hätte den sicheren Tod bedeutet. Die Türken gaben den Alliierten zu verstehen, wenn sie etwas für die Flüchtlinge tun wollten, sollten sie Schiffe herbeischaffen und die Flüchtlinge abtransportieren.[4] Da die türkische Seite nicht bereit war, Garantien für den Fall zu geben, dass griechische Schiffe die Evakuierung durchführten, verzögerte sich der Abtransport weiter, und jede Nacht mussten die Flüchtlinge auf dem Kai weitere Plünderungen und Ausschreitungen über sich ergehen lassen. Die Leichen wurden jeden Abend eingesammelt, auf Lastwagen verladen und ins Hinterland transportiert, wo sie verbrannt wurden.[5]

Zwar war der 1. Oktober als Termin genannt worden, nach dem die Deportationen ins Landesinnere beginnen würden, aber tatsächlich begannen sie sofort. Jeder Christ, der im Wehrdienstalter war, wurde von den Nationalisten als Feind betrachtet und deportiert. Auf dem Weg in die Gefangenenlager wurden die Griechen ausgeplündert, so dass sie barfuß ankamen. In den Lagern gab es keine Gebäude, so dass sie keinen Schutz vor der Sonne hatten. Später wurden sie ins Landesinnere in Marsch gesetzt. Wer nicht mithalten konnte, wurde gnadenlos erschossen. Andere wurden in den Dörfern, die sie passierten, als Sklaven verkauft. Erst als in Lausanne Verhandlungen zwischen der griechischen und türkischen Regierung begannen, wurden die Überlebenden freigelassen.[6]

Am 17. September soll Mustafa Kemal folgendes Telegramm an den türkischen Außenminister Yusuf Kemal geschickt haben: *"It is necessary to comment on the fire in Izmir for future reference. Our army took all the necessary measures to protect Izmir from accidents, before entering the city. However, the Greeks and the Armenians, with their pre-arranged plans have decided to destroy Izmir. Speeches made by Chrysóstomos at the churches have been heard by the Muslims, the burning of Izmir was defined as a religious duty. The destruction was accomplished by this organization. To confirm this, there are many documents and eyewitness accounts. Our soldiers worked with everything that they have to put out the fires. Those who attribute this to our soldiers may come to Izmir personally and see the situation. However, for a job like this, an official investigation is out of the question. The newspaper correspondents of various nationalities presently in Izmir are already executing this duty. The*

---

1 *Ibidem*, p. 178; Kinross, *op. cit.*, p. 326f.
2 Milton, *op. cit.*, p. 311.
3 Housepian, *op. cit.*, p. 181.
4 *Ibidem*, p. 183
5 *Ibidem*, p. 189f,
6 Milton, *op. cit.*, pp. 340-342..

Christian population is treated with good care and the refugees are being returned to their places."[1]

Der von Karavasilis berichtete Wutausbruch Kemals als er hörte, dass Nureddin Smyrna hatte abfackeln lassen, ist nicht belegt und auch wenig glaubwürdig.[2]

---

[1] Niki Karavasilis, *The Whispering Voices of Smyrna* (Pittsburg, Red Lead Press, 2010), p. 208.
[2] *Ibidem*, p. 207

Flüchtlinge am Kai vor dem Brand

Smyrna brennt

Boote holen Flüchtlinge vom Kai ab

Abgebrannte Häuser am Kai davor Flüchtlinge

Flüchtlinge am Kai dahinter abgebrannte Gebäude

Das abgebrannte Smyrna

Das ägäische Meer

Die Vertreibung der Griechen aus Smyrna 1922

Im letzten Kapitel wurde geschildert, wie Smyrna abgefackelt wurde, und sich Zehntausende Griechen auf dem Kai sammelten, um auf ihre Evakuierung zu warten. Über die Ereignisse vor und während der Evakuierung gab es keinen Augenzeugenbericht mit einer Ausnahme, den von Clare Sheridan aus dem Jahr 1928. Um zu verstehen, wie es dazu kam, dass eine Britin sich auf dem Kai aufhielt und einen Augenzeugenbericht verfassen konnte, der 1928 in deutscher Sprache veröffentlicht wurde und erst 1938 in englischer und französischer Sprache herausgegeben wurde, ist es notwendig einen Blick auf ihr Leben und die Vorgeschichte des Aufenthaltes und die Erlebnisse der Autorin auf dem Kai in Smyrna zu werfen.

Die 1885 in eine englische Adelsfamilie geborene Clare Consuelo Frewen war eine Kusine ersten Grades von Winston Churchill. Schon in jungen Jahren entwickelte sie ein schriftstellerisches Talent. 1910 heiratete sie den Offizier Wilfried Frederick Sheridan. Sie hatten drei Kinder. 1914 starb ihr zweites Kind und sie modellierte einen trauernden Engel. Dabei entdeckte sie ihr bildhauerisches Talent. 1915 fiel ihr Mann als Leutnant in der Schlacht von Loos in Frankreich. Danach begann sie in London ein Kunststudium. Nach dem Kriegsende reiste sie in die USA und hatte in Hollywood eine Affäre mit Charlie Chaplin. 1920 erhielt sie eine Einladung in die Sowjetunion, wo sie die führenden Sowjetführer näher kennenlernte und modellierte, einschließlich Lenin und Trotzki. Mit Letzterem hatte sie ebenfalls eine Affäre.

1922 begann sie, für eine amerikanische Zeitung journalistisch zu arbeiten. Zunächst berichtete sie über die beginnende irische Revolution und besuchte dann den Völkerbund in Genf. Anschließend reiste sie quer durch Europa und traf etwa zur Zeit des Brandes von Smyrna in Konstantinopel in der Türkei ein. Über diese Reise und ihren Aufenthalt in Instanbul schrieb sie:[1]

In Konstantinopel
IV. Nahezu drei Monate hatte ich notgedrungen europäische Zustände und Politik studiert, und war so mehr oder weniger vorbereitet auf den Wirrwarr in Konstantinopel. Offiziell hieß das „Interalliierte Kontrolle", und was ich davon sah, ließ mich den Haß der Türken gegen die Fremden und ihre Rachegefühle verstehen.

Die Kontrolle einer fremden Stadt, selbst von einer einzelnen fremden Macht ausgeübt, ist meist schon ein schlimmen Fiasko; aber von der Kontrolle Konstantinopels durch drei Fremdstaaten kann man sich nur eine Vorstellung machen, wenn man das mit angesehen hat. Sie machte dem europäischen Ansehen bei den Türken ein für allemal ein Ende. Die Fehlgriffe, die Ungerechtigkeiten, die Brutalität, die unausgesetzten Demütigungen und Beleidigungen, denen die Türken ausgesetzt waren, stellen eine trübe Seite internationaler Geschichte dar. Ich sah mich mitten in die Ereignisse versetzt und hatte die Aufgabe, darüber zu schreiben. Wenn ich die anderen kritisieren wollte, so mußte ich auch mein eigenes Volk kritisieren.

Es schien, daß ich just im psychologischen Moment eingetroffen war. Konstantinopel stand im Schmuck unzähliger türkischer Flaggen zur Feier des vernichtenden Sieges über die Griechen. Überall sah man Bilder von Mustapha Kemal Pascha, des einen Mannes, der die Türkei aus tiefster Niederlage und Demütigung zu Sieg und Ruhm geführt hatte.

Die Türken fühlten, daß sie endlich wieder den Kopf hoch tragen konnten, trotz jener uni-

---

1 Clare Sheridan, *Ich, meine Kinder und die Grossmächte der Welt. Ein Lebensbuch unserer Zeit* (Leipzig: Paul List, 1928), pp. 272-280

formierten Vertreter dreier fremden Mächte, die sich in ihren Straßen breitmachten. Sie brauchten nur noch eine kurze Weile Geduld zu haben, denn das Ende nahte heran. Bereits waren die interalliierten Mächte unter sich uneins. England schien hart vor dem Krieg mit der Türkei zu stehen, während Frankreich, das die Türkei eifrig mit Heeresmaterial versorgte, gemeinsam mit Italien erklärte, bei etwaigen Feindseligkeiten neutral bleiben zu wollen. Wilde Gerüchte durchschwirrten die Luft; jeden Tag, jede Stunde wurde die Lage gespannter. Würde Kemal seinen Siegeslauf in Anatolien anhalten, oder würde er, England herausfordernd, dessen griechische Schützlinge über das Marmarameer bis nach Thrazien hinein verfolgen?

Die griechische und armenische Einwohnerschaft Konstantinopels war überzeugt. daß Kemal in die Stadt einmarschieren werde, und panische Angst hatte sie befallen. Auch die zerlumpten Reste von Wrangels Armee befürchteten, daß mit Kemals Einmarsch auch die ihm verbündeten Bolschewiki die Stadt betreten würden. Und der Sultan, der sich auf Gedeih und Verderb England verschriebeu und im Jahr zuvor Mustapha Kemal zum Tode verurteilt hatte, bejammerte die türkischen Siege und betete zu Allah um Rettung vor den Kemalisten!

Die Herren Journalisten ihrerseits rangen die Hände und rauften sich die Haare. Sie lagen im Kampf sowohl mit der alliierten wie mit der türkischen Zensur. Mit der Zeit hatten Engländer, Franzosen, Italiener und Türken alles unterdrücken lassen, was ihnen oder ihrer Politik Abbruch tun konnte, und so blieb natürlich nicht mehr viel zu berichten übrig.

Hamid Bej, der Vertreter Angoras, der sein Bureau im Hauptquartier des Roten Halbmonds in Stambul hatte, schien die einzige Quelle wirklich zuverlässiger Information zu sein. Sooft ich zu ihm kam. empfing er mich mit der gleichen Liebenswürdigkeit und hielt mich auf dem laufenden. Er erklärte mir, die türkische Armee habe die Absicht, die Meerenge zu überschreiten; der griechischen Armee sei der Übergang gestattet worden, und so könnten die Türken die gleichen neutralen Rechte beanspruchen. General Harrington hatte ihm gesagt, daß er Befehl erhalten habe, das Feuer zu eröffnen, falls die Türken den Übergang versuchen sollten. Und dabei glaubte jeder Teil, daß der andere nur bluffte.

Es erübrigt sich, alle jene Einzelheiten wieder auszukramen; es ist übergenug darüber geschrieben worden, und sie gehören nun der Geschichte an. Mich erfüllte nur der eine Ehrgeiz, nämlich bis zu Mustapha Kemal vorzudringen. Zu diesem Zweck beriet ich mich mit Hamid Bey; er empfahl mir, meinen englischen Paß beiseitezustecken, gab mir dafür einen türkischen Ausweis und bezeichnete mir auch ein Schiff, das nach Smyrna ging.

Dieser Dampfer, mit dem ich Konstantinopel verließ, gehörte den „Messageries Maritimes" und sollte französische Offiziere nach Beirut bringen. Er hielt in Smyrna nur an, um einen Delegierten des Roten Halbmonds auszubooten. Während dessen kamen türkische Beamte an Bord und prüften das Papier, das mir Hamid Bey gegeben hatte und das ich, da es in Türkisch geschrieben war, nicht lesen konnte. Die Beamten besahen sich den Ausweis einer nach dem ändern, dann sprangen sie auf die Füße, verbeugten sich und schüttelten mir die Hand. Darauf unterrichteten sie mich von dem trostlosen Zustand, in dem sich die Stadt Smyrna zur Zeit befand (vom Meer aus konnte man die zerstörten Häuserreihen am Ufer und den aus den Ruinen aufsteigenden Rauch sehen). Überall in der Stadt hielten sich Banditen versteckt, erklärten sie; Scharen von Flüchtlingen kampierten längs des Ufers; das einzige Hotel läge im türkischen Viertel und wäre kein sicherer Aufenthalt für eine alleinreisende Frau. Sie schienen bestrebt, mir zu helfen, waren aber leider machtlos. Irgendein Entschluß mußte gefaßt werden, und zwar schleunigst, denn der Dampfer war schon im Begriff, seinen Weg fortzusetzen. Ich hatte kein Verlangen, bis nach Beirut mitzufahren. Da stand ich denn auf Deck mit meinem Handkoffer und einer alten Petroleumkanne voll Modellierton (denn ich war entschlossen, mich bei Kemal lediglich als Journalistin einzuführen, wenn's mit der Bildhauerin fehlging), aber niemand wollte mich an Land bringen. Schließlich erbarmte sich meiner ein amerikani-

scher Korrespondent, der die Franzosen begleitete. „Ich kann nicht viel für Sie tun," sagte er, „aber es geht gerade noch." Darauf rief er ein Boot heran, brachte mich samt Handkoffer und Petroleumkanne längsseits eines amerikanischen Zerstörers und stellte mich dem Kommandanten vor. „Ich überlasse sie Ihrer Obhut, Herr Kommandant," sagte er, „sie ist keine amerikanische Staatsangehörige, aber immerhin amerikanische Korrespondentin. Empfehle mich!" Worauf er schleunigst zu seinem Dampfer zurückkehrte, der bereits die Anker lichtete.

Die Blaujacken blickten erst mich, dann den Kommandanten an, mit Gesichtern, starr wie Masken; und der Kommandant prüfte mich strengen Blicks, mit aller Würde eines jungen Mannes in verantwortlicher Stellung. Das Ruderboot war fort und hatte mich zurückgelassen; so konnte er mich nicht gut einfach über Bord werfen.

"Sie können bleiben, bis wir einen Platz für Sie gefunden haben", sagte er.

Ich blieb fünf Tage.

Einer der Leutnants stellte mir seine Kabine zur Verfügung. Man behandelte mich wie das Maskottchen des Schiffes, und niemand beklagte sich über meine Anwesenheit. Im Gegenteil, ich fügte mich so leicht in das Leben an Bord und seine strenge Regelung, als wäre ich mein Lebtag an Disziplin gewöhnt gewesen! Ich fühlte mich bald wie zu Hause und wünschte mir nur, diese Tage möchten kein Ende nehmen. Die Offiziere beteuerten, eine Frau an Bord bekäme der „Moral" des Schiffes ganz ausgezeichnet. Sie waren wirklich reizend! Nie werde ich sie und die hundert kleinen Aufmerksamkeiten, mit denen sie mich betreuten, vergessen. Kein Volk der Welt kann die Amerikaner an Ritterlichkeit übertreffen. Damals lag kein britisches Schiff im Hafen von Smyrna, glücklicherweise: denn sicher hätten mich die Engländer nicht an Bord genommen, und dann hätten es die Amerikaner auch nicht getan. Aber wie die Dinge lagen, gab es keine andre Wahl. Die Engländer glänzten durch Abwesenheit. Überall wehten französische, italienische und amerikanische Flaggen, und zwischen ihnen zerstreut, gleichsam Schutz suchend, griechische und armenische. Englische Flaggen waren nirgendwo zu sehen.

Der Gedanke, daß meine Landsleute die Drahtzieher dieser so unerfreulichen Griechen sein sollten, war mir höchst unbehaglich. Das einzige Volk, das einigermaßen Achtung genoß, waren die Amerikaner, denn sie verhielten sich streng neutral. Gerade diese Neutralität befähigte sie, sich nützlicher zu machen als irgendeine befreundete oder verbündete Macht. Jede der beiden Parteien — Türken sowohl wie Griechen — hatte Vertrauen zu ihnen, und jede Vergünstigung, um die sie nachsuchten, wurde ihnen rückhaltlos zugestanden.

Am Tage nach meiner Ankunft vor Smyrna ging ich, begleitet von einem Leutnant des Zerstörers (denn der Kommandant wollte mich nicht allein gehen lassen), an Land. Er belegte einen Ford mit Beschlag, der vor dem Konsulat der Vereinigten Staaten stand, und brachte mich zu der außerhalb der Stadt gelegenen Villa, in der Mustapha Kemal Pascha damals sein Hauptquartier aufgeschlagen hatte. Das Haus stand inmitten eines terrassenförmig ansteigenden Gartens auf einer Anhöhe mit weitem Blick über die Bucht. Mein Besuch war vorher verabredet, und als ich nun, einem Adjutanten folgend, zwischen schattigen Baumen und Kaskaden an die tausend Stufen hinanstieg, fühlte ich mich von oben her von zahlreichen Augen beobachtet. Einigermaßen erhitzt und außer Atem erreichte ich die Höhe. Unter etwas einschüchterndem Schweigen schritt ich an den auf der Terrasse Versammelten vorbei und folgte meinem Begleiter in das Innere des Hauses. Der Gasi hatte bei meinem Kommen offenbar die Gesellschaft verlassen, um mich im Salon zu empfangen. Die sphinxgleiche Starrheit seines Gesichts und seine übergroße Liebenswürdigkeit, die jedoch nicht von dem leisesten Lächeln erhellt war, hatte etwas vollkommen Unzugängliches für mich. Auch verwirrte mich der Umstand, daß er sich, nachdem er mir Platz auf dem Sofa angewiesen hatte, am anderen Ende des Zimmers, dicht neben das offene Fenster setzte, so daß die auf der Terrasse Befindlichen das

Gespräch mit anhören konnten. Die Entfernung zwischen uns wirkte erkältend; und er sprach Französisch, zwar korrekt, aber mit Schwierigkeit.

Er trug eine schlichte Uniform, die schwerlich den Marschall verriet, und seine blonden Haare und hellen Augen waren ganz unorientalisch. Während er sprach, glitt ein „Tespi" aus roten Korallen durch seine Finger, was in mir das Gefühl erweckte, als hätte ich jemand bei Verrichtung seines Gebets gestört.

Er eröffnete mir, daß er gerade gestern einem amerikanischen Pressevertreter ein zweistündiges Interview gewährt hätte, und daher erübrigte es sich wohl, die politische Lage nochmals klarzulegen. Dieser mein Rivale, der mir solcherart den Wind aus den Segeln genommen hatte, war John Clayton von der „Chicago Tribüne". Er hatte sich mir bei verschiedenen Gelegenheiten gefällig erwiesen, und ich mochte ihn gern, aber für diesen Streich — das nahm ich mir vor — sollte er mir eines Tages büßen!

Kemal betonte seinen Wunsch nach Frieden. Er wüßte wohl, erklärte er, daß nicht das englische Volk, sondern nur die englische Regierung gegen ihn wäre, „und ich bin so maßvoll und geduldig in meinem Vorgehen — weil ich England jede Möglichkeit geben will, sich mit Ehren aus der einmal angenommenen Haltung wieder herauszuziehen." Worauf er mit entschiedener Überzeugung hinzufügte: „Die Sympathien der ganzen Welt stehen augenblicklich auf unserer Seite."

Er hoffte binnen kurzem in Konstantinopel zu sein, doch wünschte er, wenn irgend möglich, dieses Ziel mit friedlichen Mitteln zu erreichen, um eine ähnliche Katastrophe zu vermeiden wie den Brand von Smyrna.

Dann sprachen wir über die zweifelhafte Bedeutung der Armenier als türkische Untertanen. Er wiederholte die allbekannten Dinge über sie und erwähnte unter anderm, daß sie die Opfer fremder politischer Intrigen geworden wären und während den großen Kriegen das kaiserliche Rußland gegen die Türkei unterstützt hätten. Stets und zu allen Zeiten hätten sie sich feindselig gezeigt, trotzdem sie ganz die gleichen bürgerlichen Rechte genossen, ihre parlamentarische Vertretung gehabt und sich der Befreiung vom Militärdienst erfreut hätten. Wären sie sich selbst überlassen geblieben und nicht durch fremdländischen Einfluß aufgereizt worden, so hätten sie sich seiner Ansicht nach mit der Zeit dem türkischen Volk assimiliert. Und mit allem Nachdruck betonte er: „Unsere Gefühle gegen sie haben mit Religion nicht das geringste zu tun."

Dann erschien ein Diener und brachte auf silbernem Tablett prachtvolle alte Wasserkrüge und zwei Schüsseln mit Marmelade. Löffel gab es wohl, aber keine Teller; und ich war völlig ratlos, wie ich davon nehmen sollte. Meine Verlegenheit gewahrend, lächelte der Gasi zum erstenmal und unterwies mich im türkischen Brauch. Man tauchte den Löffel in die Marmelade, nahm nun einen Löffel voll gleich in den Mund und spülte ihn mit Wasser hinunter. Er machte mir's vor; und dann, ziemlich nervös (eigentlich zu nervös für einen so selbstbeherrschten Mann), sagte er, er wolle die „Dame des Hauses" herbitten lassen. Mir lag nicht das geringste an irgendwelcher Dame des Hauses, und ich verzögerte sein Vorhaben, indem ich ihm eine Anzahl Photographien meiner Werke vorlegte und ihn fragte, ob er mir wohl gestatten würde, seine Büste zu machen. Er schien interessiert und betrachtete lange das Bildnis Lenins. Dann sagte er, wenn er selbst auch nicht Kommunist wäre, so erkenne er doch im Kommunismus viele gute und zukunftsreiche Ideen.

Aber nach der ganzen Veranlagung der Türken kann der Bolschewismus nicht bei uns Wurzeln schlagen, denn die Türkei hat keine eigentliche Industrie, und die Bauern sind Eigentümer ihren Bodens; auch gibt es bei uns keinen Großgrundbesitz oder auffälligen Reichtum Einzelner, es fehlen also tatsächlich bei uns alle jene aufreizenden Ungleichheiten, die bei andern Völker so kraß zutage treten."

"Wollen Sie mir also die Ehre erweisen?" fragte ich. Er antwortete, er würde *"stolz und entzückt"* sein.

"Darf ich morgen anfangen?" bat ich, ganz aufgeregt. Er zögerte noch:

"Ich habe nur wenig Zeit..."

"Und dennoch," drängte ich, *"hat selbst Julius Cäsar Zeit gefunden, und Alexander der Große, und Napoleon!"*

Just in diesem Augenblick wurden wir durch die "Dame des Hauses" unterbrochen, eine kleine, untersetzte Frau mit rundlichem Gesicht, großen vorstehenden Augen, noch jung an Jahren, aber doch mit dem Gehaben einer ältlichen Dame. Sie setzte sich und blickte mich mit so beleidigender Geringschätzung an, daß jede weitere Unterhaltung, ob journalistisch oder künstlerisch, abgeschnitten war. Kemal sagte ihr etwas auf Türkisch und wollte ihr die Photographien meiner Werke zeigen, aber sie lehnte ab, lächelte nur höhnisch und kreuzte die Arme, wie um zu zeigen: "Ich möchte nur wissen, wie lange die noch dableibt."

Ich wußte damals nicht, daß diese Dame Kemals zukünftige Frau war - was übrigens auch noch keine Erklärung für ihre maßlose Unhöflichkeit gewesen wäre. Ich erhob mich und machte noch einen letzten Versuch, mir den Kopf des Gasi zu sichern:

"Wenn Sie mir zusagen würden... ich könnte warten in Smyrna, bis Sie Zeit haben..."

Er blickte ziemlich ratlos im Zimmer umher und sagte: "Madame, je ne suis pas chez moi", so als ob seine Zusage nur von der Einwilligung der "Dame des Hauses" abhinge. Sie jedoch verharrte in ihrem hochmütigen Schweigen, und er fügte begütigend hinzu:

"Ich werde Ihnen in Konstantinopel sitzen."

"Aber bis dahin kann noch viel Zeit vergehen", rief ich. "Vielleicht doch nicht soviel, als Sie glauben", antwortete er geheimnisvoll. Und in seinen blauen Augen spiegelte sich harte Entschlossenheit.

Latife Hanum (denn sie war es) hatte sich diesen stahlharten Trotzki eingefangen — und das lohnte sich der Mühe! Daß es ihr nicht gelang, ihn dauernd zu fesseln, daß sie ihn schließlich verlor oder, genauer gesagt, daß sie offiziell verstoßen wurde, war der Preis, den sie zahlte. Und sicherlich war sie auch unwürdig dieser Stellung. Als eine Frau von Erziehung und Bildung, die an der Spitze der türkischen Frauenbewegung stand, hätte sie alle Möglichkeiten gehabt, eine große Rolle zu spielen. Aber ihre Anmaßung und Eifersucht stießen jeden ab, der mit ihr in Berührung kam. Als drei Jahre später ihr Stern kometengleich unterging, erhob sich nirgends eine Stimme der Sympathie zu ihren Gunsten.

In Smyrna begab sich Sheridan auf den Kai und beobachtete die Ereignisse. In ihrem Bericht schieb sie über die entsetzlichen Dinge, die sie sah:

V. Nach dem Interview mit Kemal Pascha hatte ich eigentlich keinen Grund, länger in Smyrna zu bleiben; aber ich mußte auf eine Reisegelegenheit warten; und alle Schiffe, die in der nächsten Zeit anliefen (durchschnittlich elf am Tage), waren ausschließlich für den Abtransport der von Panik ergriffenen Flüchtlinge bestimmt.

Die Offiziere des Zerstörers arbeiteten zu diesem Zweck Hand in Hand mit den türkischen Behörden, aber der Amerikaner waren nur sehr wenige, und die Flüchtlinge warteten in unabsehbaren Scharen. Mit ausreichenden Hilfsmitteln hätte man wohl etwas mehr Ordnung in das unbeschreibliche Chaos bringen können; aber ohne die kleine Schar Amerikaner und ihre unermüdliche Tätigkeit würden die Dinge eine unausdenkbar schlimme Wendung genommen haben. Die Panik war dadurch verursacht worden, daß die türkischen Behörden einen bestimmten Termin für die Räumung festgesetzt hatten, und wer über dieses Datum hinaus zurückblieb, mußte fürchten, massakriert zu werden. Infolgedessen konnten die Flüchtlinge gar *nicht schnell genug fortkommen; und als man die Stadtbevölkerung glücklich eingeschifft hatte, kamen immer neue Massen aus dem Innern des Landes herbeigeströmt. Obgleich man am ersten Tage von Morgengrauen bis Sonnenuntergang vierzigtausend Menschen in elf Schiffen abtransportiert hatte, schien die zurückbleibende Menge noch genau so zahlreich wie zuvor. Während meiner Unterredung mit Mustapha Kemal hatte ich Gelegenheit genommen, auf das unbeschreibliche Durcheinander hinzuweisen, das durch die Festsetzung eines Endtermins unter den Flüchtlingen entstanden war, und auch angedeutet, daß möglicherweise die Räumung nicht innerhalb der festgesetzten Zeit beendet sein konnte. Kemal hatte mir versichert, daß das Datum nicht von entscheidender Bedeutung wäre und, wenn nötig, hinausgeschoben werden könnte. Diese Nachricht suchten wir tunlichst unter den Flüchtlingen zu verbreiten, aber es hielt schwer, diese hysterisch Besessenen dadurch zu beruhigen, zumal wir nicht ihrer Sprache mächtig waren.*

    Die Schrecken des ersten Tages wurden für mich zu einer guten Abhärtung. In den Anfangsstunden litt ich entsetzlich unter der Unmöglichkeit, helfen zu können; und bei dieser Gelegenheit wurde ich Zeuge eines Dramas, das mich für alles weitere stichfest machte: Ich stand neben einem amerikanischen Offizier und einem türkischen Gendarm während eines etwas ruhigeren Augenblickes inmitten der Flüchtlinge, die auf das Öffnen des Gitters zum Landungssteg warteten. Dicht neben mir stand ein Grieche, der aus irgendeinem Grunde soeben von den türkischen Gendarmen verhaftet worden war. Ich bemerkte, daß er mich anscheinend starr anblickte und dabei an seiner Kehle herum fingerte. Der starre Blick seiner Augen war so seltsam, daß ich einen Augenblick glaubte, er wollte sich eine Morphiumeinspritzung machen (die Frage, ob man sich solche Einspritzungen gerade in den Hals verabfolgte, kam mir gar nicht erst zum Bewußtsein). Nachdem wir einander so einige Sekunden lang in die Augen gestarrt hatten, wurde mir klar, daß er mich überhaupt gar nicht sah, so völlig war er von seinem Tun in Anspruch genommen. Ich packte den Amerikaner neben mir am Arm und schrie mit vor Entsetzen zitternder Stimme:

„*Der Mann da schneidet sich die Gurgel durch!*"

    Der Amerikaner ermahnte mich in strengem Ton, mich zusammenzunehmen; und das brachte mir zum Bewußtsein, daß ich in Gefahr war, mich hier lächerlich zu machen. Er sagte darauf etwas zu dem türkischen Gendarmen; dieser blickte nur völlig gleichgültig nach seinem Gefangenen hin und machte keinen Versuch ihn zu hindern. Ringsum schauten Tausende dieser Szene zu, alle die Flüchtlinge, die von Soldaten mit aufgepflanztem Bajonett zurückgehalten wurden aus Besorgnis, sie könnten das Gitter stürmen. Eine irrsinnige Frau torkelte, laut vor sich hinbabbelnd, auf und ab. Der Grieche hatte sich unterdessen ein Taschenmesser in die Kehle gestoßen, sich aber nur die Stimmbänder durchschnitten; er blutete stark und röhrte wie ein Tier. Ich bedeckte mein Gesicht mit den Händen, nur in dem einzigen Wunsch, es möchte rasch zu Ende sein; aber unerklärliche dumpfe Schläge ließen mich wieder hinsehen. Nachdem es mit dem Durchschneiden der Kehle nicht gelungen war, versuchte der Mann jetzt, sich mit einem großen Stein die Hirnschale einzuschlagen. Aber auch das mißlang; und in seiner Verzweiflung, unbedingt zum Tod entschlossen, stürzte er sich von der Kaimauer herab in das jauchige Wasser, das von verwesenden Menschen- und Tierleichen stank. Eine erbarmungslose Vorsehung ließ ihn nicht untersinken; sein gemarterter Körper schwamm an der Oberfläche. Lediglich kraft seines Willens hielt er das Gesicht unter Wasser, um so doch noch zu ertrinken. Es war schauderhaft, wie lange das dauerte, immer weiter verbreitete sich der rote Kreis um ihn her; und noch immer bewegte sich der Körper, gleich einem angeschossenen Vogel. Die Türken, sonst so freigebig mit ihren Kugeln, hatten nicht das Mitleid, ihm zum Tode zu verhelfen. Sie sahen ruhig zu und warteten; und als er sich endlich nicht mehr rührte, watete einer von ihnen hinaus, zog dem Toten den Rock aus und durch-

suchte die Taschen. Dann wurde die Leiche auf die Kaimauer heraufgefischt, Gesicht nach unten wie ein schwerer Sack durch den Staub gezogen und beiseitegeworfen. Später wurde der Tote auf einen Wagen geladen und davongefahren, indes seine Füße, in absonderlichen Knöpfstiefeln, herausbaumelten.

Daß man ihn nicht, wie die anderen Leichen, im Wasser verfaulen ließ, sondern ihn im Wagen davonfuhr, ließ vermuten, daß er ein Gefangener von Bedeutung gewesen sein mußte. Welche Umstände mögen ihn wohl bewogen haben, sich um jeden Preis das Leben zu nehmen? Dieser Vorfall war nur einer in der Reihe von vielen, an die man sich in wenigen Stunden gewöhnt hatte; und ich würde ihn nicht erzählt haben, wenn es nicht der erste gewesen wäre in der langen Kette von Greueln, die ich sah und erlebte — ein Auftakt, der all mein Denken leidenschaftlich aufrührte. Ich hatte mir immer vorgestellt, es ginge sehr schnell mit dem Sterben; der Tod lauere gleichsam wie ein sprungbereites wildes Tier, vor dem man sich zu hüten hätte; und nun war ich völlig bestürzt über die Schwierigkeit und Langsamkeit, mit der dieser Mann zu Tode kam, trotz all seinen Bemühungen.

Nach mohammedanischem Glauben heißt es: „Was geschrieben steht, steht geschrieben"; ein Selbstmörder also widersetzt sich dem, was geschrieben steht. Er schafft sich sein Ende, bevor ihm noch das Ende bestimmt ist. Die jenem Manne vom Schicksal gesetzte Stunde war noch nicht gekommen, daher sein mühevolles Sterben. So wenigstens deute ich es mir. Andere mögen argumentieren, daß gemäß der Lehre vom vorbestimmten Schicksal diesem Manne der Selbstmord bestimmt war; ich aber betrachte Selbstmord als einen Gewaltakt der Auflehnung gegen das, was geschrieben steht im Schicksalsbuch eines jeden.

Jeden Tag war ich Zeuge des grauenvollen Schauspiels, wie die Flüchtlinge sich durch das halbgeöffnete Tor zum Kai hinausdrängten. Das Tor wurde nur halb geöffnet zum Zweck der Kontrolle dieser Menschenflut; aber viele, denen der Strom nicht rasch genug vorwärts kam, versuchten über das spitzige Eisengitter zu klettern. Oft hatten sie dann ihre Kinder und ihr Gepäck glücklich herübergebracht, konnten aber selbst nicht nachkommen oder wurden von den türkischen Gendarmen zurückgetrieben. Familien wurden so auseinandergerissen und schrieen wie Irrsinnige. Wirrwarr und Chaos waren auf dem Höhepunkt. Den Männern im dienstpflichtigen Alter war die Ausreise nicht gestattet, sie wurden für Gott weiß welchen Zweck zurückgehalten; es verlautete, sie sollten zum Wiederaufbau der von den griechischen Truppen verwüsteten Gebiete verwendet werden. Jedenfalls war es sehr unwahrscheinlich, daß sie je ihre Familien wiedersehen würden. So wurden Söhne von ihren Müttern losgerissen, Männer von Weib und Kind. Manche versuchten sich alt und gebrechlich zu stellen oder auch so krank, daß sie getragen werden mußten; andere wieder suchten als Frauen verkleidet durch die Sperre durchzukommen. Aber die Türken hatten scharfe Augen, und keiner entwischte ihnen. Wer etwa unkontrolliert hindurchzuschlüpfen suchte, wurde barsch zurückgerufen und, stand er nicht gleich, verfolgt und mit dem Kolben niedergeschlagen.

Die unbarmherzigste Sonne brannte mit sengenden Strahlen auf die sich drängenden und stoßenden Menschenmassen herab. Die sich den Durchlaß erkämpft hatten — an jeder Sperre gepeitscht, getreten, systematisch ausgeraubt — gelangten an die Schiffstreppe in einem Zustand völligen Nervenzusammenbruchs. Die Frauen schrieen oder fielen in Ohnmacht; andere gebärdeten sich wie Irrsinnige; man mußte ihnen ihre Kinder aus den Armen nehmen und ihnen an Bord helfen. Ich half Säuglinge aufs Schiff tragen, bis mir die Arme schmerzten, schmutzige, halbtote Wesen, bedeckt mit Schorf und Grind, an den leeren Brüsten der Mütter hängend. Es kam vor, daß Frauen mitten auf dem Kai niederkamen. Glücklich die wenigen, denen der Schiffsarzt beistehen oder die man mit einer Tragbahre an Bord schaffen konnte. Eine Frau gebar buchstäblich, während sie im Gedränge durch das Tor geschoben wurde; keine Möglichkeit für sie, stehenzubleiben oder zur Seite zu treten. So kam sie durch das Tor, zusammengekrümmt über das noch an ihr hängende Neugeborene.

Ein Junge, viel zu schwer beladen mit den Habseligkeiten seiner Familie, glitt auf dem Steg aus, fiel zwischen Schiff und Kai ins Wasser und war ertrunken, ehe er herausgezogen werden konnte. Ein rasendes Weib schrie und schlug sich die Brust — es war ihr Sohn — aber es war keine Zeit für Mitleid, neue Massen drängten heran, sie verlor sich unter ihnen.

Überall lagen Tote oder Sterbende. Wenn die Tore zum Kai nach einer Schiffsabfahrt geschlossen waren, sah man Leichen herumliegen, die man erst für Schlafende gehalten hatte. Ein alter Mann saß auf einem Stuhl, die gekreuzten Hände auf seinen Stock zwischen den Knien gestützt, in der Haltung von Carlyle auf dem Bilde von Whistler. Über seinen Kopf hatte man ein kleines Tuch gelegt, und die Zipfel flatterten lustig im Winde. Seine Sippschaft war abgefahren und hatte ihn zurückgelassen; was hätten sie auch mit dem Toten anfangen sollen? Bevor die Tore für den nächsten Ansturm geöffnet wurden, kam jemand und stieß ihn seitwärts ins Wasser.

Alle, die auf die überfüllten Schiffe gelangten, waren ausgehungert und ausgedörrt, manche nahezu sterbend vor Durst. Kinder welkten dahin gleich Blumen; einige konnten nicht mehr schlucken, da ihnen Lippen und Zunge mit Blasen überdeckt waren. Wasser gab es genug, aber keine Möglichkeit, es in Ordnung zu verteilen. Versuchte man, einem Sterbenden ein Glas Wasser zu reichen, griffen hunderte von Händen, alte und junge, gierig danach. Für solche Massen war ein voller Eimer nur ein Tropfen; und der Eimer wurde sehr oft durch den rasenden Ansturm der Durstigen nutzlos verschüttet, ehe er bis zu denen gelangte, die des Wassers am dringendsten bedurften.

Das Elend und Leiden spottete jeder Beschreibung. Man tat sein möglichstes, die Menge zu beruhigen; aber sie weinten immer nur, klammerten sich an unsere Arme, küßten uns die Hände. Frauen warfen sich den Offizieren vor die Füße, umklammerten ihre Knie und flehten, daß man sie auf da» nächste abgehende Schiff lasse; alles Geld, das sie hatten, boten sie für eine Fahrkarte. Vergebens suchte man ihnen klarzumachen, daß es keiner Fahrkarte bedürfe und daß das nächste Schiff nicht das letzte sei. Sie waren wie von Sinnen vor Angst und konnten nicht begreifen. Selbst türkische Soldaten wurden von Mitleid bewegt. Einer von ihnen sagte mir, „es mache ihm Herzweh", das alles mitanzusehen. Die türkischen Soldaten waren begreiflicherweise unempfindlich gegen menschliche Leiden, wie man es eben nach vierzehn Kriegsjahren werden muß; aber wenn sie auch in dem einen Augenblick die größten Roheiten verübten, so konnten sie doch im nächsten hilfsbereit und rücksichtsvoll sein. Ich sah einen Türken, der eben noch im Wasser einen Mann zu Tode gesteinigt hatte, wie er sich über ein hingefallenes Kind warf und es mit seinem Körper vor dem Zertrampeltwerden am Gittertor schützte. Alles in allem waren sie nicht so grausam, wie man vielleicht hätte erwarten können. Sie hatten ein Land durchquert, das die Griechen in eine Wüste verwandelt hatten; alle türkischen Dörfer waren niedergebrannt, türkische Frauen und Kinder niedergemetzelt. Die Greuelgeschichten, die von beiden Seiten erzählt wurden, machten jede Parteinahme schwierig; aber ich habe selbst gesehen, daß die türkischen Soldaten Mäßigung und bisweilen auch Mitleid zeigten. Und als einmal ein türkischer Offizier einen Soldaten dabei abfaßte, wie er Flüchtlinge ausraubte, schlug er ihn so lange über den Kopf, bis der Stock zerbrach, und dann ließ er sich einen zweiten geben.

Nach drei solcherart verbrachten Tagen dampfte ein britischer Kreuzer in den Hafen. Es war das Flaggschiff des Admirals Nicholson. Der Kommandant des amerikanischen Zerstörers signalisierte ihm meine Anwesenheit; als Antwort kam eine Einladung zum Frühstück an mich. Der Admiral, der mir ganz fremd war, legte gleich damit los, daß ich kein Recht hätte, auf dem Zerstörer zu sein, daß ich überhaupt nicht in Smyrna sein dürfte, daß sich meine Tätigkeit ganz und gar nicht für eine Frau gezieme, daß ich . . . na, kurz und gut, ich wäre eine höchst unangenehme Belästigung. Das war echt britisch! Ich erwiderte, daß ich keinerlei Wünsche an ihn hätte, und daß die Amerikaner, die mich gastlich aufgenommen, nie geäußert oder mich hätten fühlen lassen, daß ich eine „Belästigung" wäre. Nachdem so die Atmosphäre gereinigt war, setzten wir uns zu einem gemütlichen Frühstück zusammen.

Das Eintreffen des britischen Schiffs war ein wahrer Segen; unverzüglich machten sich Offiziere und Mannschaften daran, uns Wenigen bei dem Einschiffungsgeschäft zu helfen. Interessant zu beobachten, wie sich die Leute bei dieser ihnen ganz neuen Tätigkeit benahmen, und welchen Eindruck das auf sie machte. Sie schienen ziemlich empört über die Amerikaner und fanden die Art ihren Verfahrens roh und rücksichtslos. Das stimmte nicht; die Amerikaner waren nur abgestumpft und hart geworden; und den Engländern wäre es mit der Zeit auch nicht anders ergangen. Ich habe nie etwas Rührenderes gesehen als die Zartheit der englischen Blaujacken den Schwachen und Leidenden gegenüber, die Art wie sie mit Frauen und Kindern umgingen, ihnen gut zuredeten, freundlich auf den Rücken klopften oder die Arme um sie legten, wie sie die Kranken behutsam trugen und ihre Wasservorräte bis zum letzten Tropfen verausgabten .

Eines Abends — ich wollte gerade im Boot vom Kai aus zum Zerstörer hinüberfahren — beobachtete ich, wie der türkische Scheinwerfer seine Lichtkegel über ein paar schwimmende Flüchtlinge spielen ließ, die, militärpflichtigen Alters, auf solche Weise nach den Schiffen zu entkommen suchten. Die Türken auf dem Kai, inmitten weiß uniformierter englischer und amerikanischer Seeoffiziere, feuerten auf die Schwimmenden. Anfangs lagen die Schüsse ziemlich entfernt vom Ziel; aber allmählich kamen die Einschläge immer näher und rückten mit jedem Wasserspritzer dichter und dichter an die Schwimmer heran. Schließlich machte mein Kommandant diesem entsetzlichen Schauspiel ein Ende; er erbot sich, eine Barkasse auszusenden und die Schwimmer aufzufischen unter der Bedingung, daß man ihm gestatte, die Flüchtlinge wieder an der Stelle des Kais an Land zu setzen, von der sie losgeschwommen waren; denn als Neutraler durfte er sie den Türken nicht ausliefern. Das Angebot wurde unter diesen Bedingungen angenommen.

Solcherart war die schreckliche und grausige Auswirkung der Versailler Staatskunst! Gewiß, für jene Herren in den bequemen Klubsesseln der Beratungszimmer war es ein leichtes, an Hand von Bleistift und l.andkarte zu dekretieren, daß Smyrna an Griechenland ausgeliefert werden sollte. Dieser Entschluß bestimmte das Schicksal Tausender von Frauen und Kindern, die zu einem über alle Begriffe tragischen Los verurteilt wurden.

Diesen Einzelausschnitt aus der Szenerie des Nachkriegseuropas kabelte ich in aufrüttelnden Worten an meine Zeitung. Ich glaube, daß infolge davon eine beträchtliche Summe für die Flüchtlingshilfe zusammenkam. Mir jedenfalls brachte dieser Bericht ein Antwortkabel mit weiteren tausend Dollar und der Versicherung, ich wäre eine geborene Journalistin.

Sheridans Reise nach Athen:
VI.
Am fünften Tage machte mir der Kommandant bei meiner Rückkehr an Bord den Vorschlag, ich könnte, falls ich Smyrna zu verlassen wünschte, mit dem amerikanischen Zerstörer L ... fahren, der um zehn Uhr abends nach dem Piräus abging. Andere Möglichkeiten schienen nicht vorhanden. Kein Passagierdampfer lief Smyrna an, und obwohl ich eigentlich in Griechenland nichts zu suchen hatte, nahm ich doch das Anerbieten an. Es erübrigt sich zu sagen, wie schwer mir der Abschied wurde. Die ergreifenden Geschehnisse der letzten Tage hatten uns zu einer Art Kameradschaft zusammengeschweißt. Wirkliche Zuneigung verband mich mit der Schiffsbesatzung, deren Ritterlichkeit und freundliches Entgegenkommen nicht hoch genug anzuerkennen waren.

Der Zerstörer schoß nur so durch die Nacht! Die Empfindung war eine ganz andere wie auf gewöhnlichen Dampfern; das Vibrieren der Maschinen setzte sich unmittelbar in ein deutliches Gefühl der Geschwindigkeit um. Am nächsten Morgen glitten wir in den Hafen von Piräus. Eine Barkasse brachte mich samt meinem Gepäck zum Landungskai, wo ich ein Auto herbeirief. Der Umstand, daß ich in einem Kriegsschiff ankam, enthob mich den üblichen Paß- und Zollscherereien; wenn doch der Eintritt in fremdes Land immer so einfach wäre!

Ankunft in Athen
Meine erste Sorge nach der Ankunft in Athen war, festzustellen, wann ein Schiff nach Konstantinopel abging. Nachdem ich das erledigt hatte, wanderte ich mit nahezu blinden Augen durch die griechische Hauptstadt, und erst als ich vor die Akropolis gelangte, begann ich wirklich zu sehen. Es war ein heißer Tag, und da noch keine Saison war (wir schrieben den 1. Oktober), so waren nirgends Fremde zu sehen. Ich hatte also die Ruinen fast ganz für mich allein und gab mich ungestört dem überwältigenden Gefühl hin, schon früher einmal an dieser Stelle gewesen zu sein. Immer hatte ich gewußt, daß ich einst in Griechenland gelebt hatte. A. P. Sinnett, mein alter Freund von der Theosophischen Gesellschaft, hatte mich in diesem Glauben bestärkt. Er behauptete, herausgefunden zu haben, daß ich in einem früheren Dasein einmal eine Bildhauerin gewesen wäre, und daß ich mit meiner Hände Arbeit genügend verdient hätte, um noch einen verschwenderischen Bruder zu unterhalten. Dieser Bruder, erklärte er, wäre jetzt in meinem Vater reinkarniert! Aber diese Einzelheiten bedeuteten mir nicht viel. Ich dachte kaum daran; auch brachte mir der (scheinbar) erste Anblick der Säulentempel nicht jene Überraschung oder jene Schauer der Bewunderung, wie man sie hätte erwarten sollen. Eher überkam mich ein Gefühl tiefer Trauer und Vereinsamung, nicht unähnlich meinen Empfindungen beim Wiedersehen meines zerstörten irischen Vaterhauses. Ich hatte nur das Gefühl von einer großen Veränderung angesichts der zahllosen Trümmer ringsumher, der verödeten Tempel; das Gefühl: alle meine Freunde von damals sind tot, und ich stehe hier einsam und verlassen inmitten von Schatten der Vergangenheit.

Am Abend dieses Tages gewährte mir der Torwächter Zutritt zu den geheiligten Bezirken. Ein schmaler Mond trieb Versteckspiel zwischen den Wolken. Bald erglänzten die kannelierten Säulen des Parthenon im schimmernden Licht, bald verloren sie sich wieder im schattenhaften Düster

Ich hatte mich in einen weißen Seidenschal gehüllt, um meine Kleider zu verbergen, die meinen ästhetischen Sinn verletzten. Instinktiv entledigte ich mich meiner Schuhe am Tempeleingang, damit nicht das profane Klappern der Absätze die marmorne Stille störte. In Strümpfen wanderte ich zwischen den Riesensäulen umher. Ein warmes Lüftchen streichelte mein Gesicht und spielte mit meinen Haaren. Die feierliche Stille, die erhabene Schönheit und der spürbare Hauch der Vergangenheit erfüllten mich mit tiefer Erregung, Ieb verlor mich in die Losgelöstheit einer jener seltenen Stunden des Lebens, wo die Seele frei wird von allem Weltlichen und Materiellen und zurückschlüpft zu den Göttern, just für eine kleine Weile ... just für eine Nacht.

Alles Elend und Menschenleid, das ich in Smyrna erlebt hatte, und alles Grübeln über den Wert unserer heutigen Zivilisation und Kultur, das es in mir erweckt hatte, war verschwunden, ausgelöscht aus meinem gequälten Hirn. Ich lebte wieder in jenen Zeiten, da ruhevolle Gesittung unser Dasein umgrenzte, da wir, sandalenbeschuht, sicheren und ebenmäßigen Schrittes wandelten, von winddurchwehten Gewändern lose umschmiegt; da Schönheit gleichbedeutend war mit Moral.

VII.

Athen, ausgedörrt und staubig, war überflutet von den Resten seiner geschlagenen Armee. Mit Schmutz bedeckte Soldaten erfüllten die Straßen, mit Orden bedeckte Offiziere die Kaffeehäuser. Flüchtlinge waren am Strand zusammengepfercht, genau so verwahrlost und elend wie auf türkischem Boden; zu jeder Stunde kamen Schiffe an und setzten neue, immer wieder neue an Land ... Die Bürger und die Regierung von Athen blickten teilnahmlos auf diese Massen, so als wollten sie sagen: „Was ist das für ein Volk". Die Griechen wollten sie nicht als ihre Landsleute anerkennen.

Fahnen flatterten auf den Dächern, wie um einen Sieg zu feiern, in Wirklichkeit aber feierte man die Revolution. Die Bevölkerung hielt sich nicht für besiegt durch die Türken, man erklärte, man wäre von den Ministern betrogen worden. Das Kriegsdepartement hatte die Staatsgelder in die eigene Tasche gesteckt und die Armee ohne Munition, ohne Bekleidung und Ernährung und selbst ohne Besoldung gelassen. Um das Gesicht zu wahren angesichts dieser heillosen Flucht, hatte man wieder einmal „Tino" hinausgeworfen, seine Minister eingesperrt (einen Monat danach wurden sie kaltblütig erschossen), hatte mit heuchlerischer Miene den Sohn des Königs (seine Gattin war die schöne Tochter des Königs von Rumänien) als Strohmann vorgeschoben und hatte sich dann — nachdem man, als vollendete Gentlemen, die ganze Umwälzung (wenigstens bis dato) ohne Blutvergießen erledigt hatte — vor die Kaffeehäuser gesetzt, um bei den üblichen „aperitifs" alles gehörig zu beschwätzen.
Das Schiff, mit dem ich Athen verließ, wurde bei Sonnenuntergang vor den Dardanellen von einem englischen Kriegsschiff angehalten und durfte erst bei Morgengrauen seine Fahrt fortsetzen. Dann legte sich ein englischer Kreuzer vor uns und geleitete uns nach Chanak, wo eifrige Kriegsvorbereitungen im Gange waren. Auf beiden Seiten der Meerengen wurden Befestigungen angelegt und Geschütze herangeschafft; man konnte alles leicht beobachten, da wir mehrere Stunden vor Chanak hielten.
Ein Kaufmann neben mir (er hielt mich für eine Amerikanerin) bemerkte: „Das ist nichts als eine hohle Parade. England hat sich unfähig gezeigt, den Griechen zu helfen; mit seinem Einfluß ist es vorbei. Selbst seine moralische Unterstützung ist schlimmer als zwecklos, sie ist irreführend. England muß einfach ja sagen zu allen türkischen Forderungen: Smyrna, Thrazien, Konstantinopel."
Weise Worte eines Namenlosen! Hätte ein Mann von Rang, etwa Venizelos, sie gesprochen, so hätte man sie unter dicken Kopfzeilen veröffentlichen können!
In Chanak kam ein Australier an Bord, der im Auftrag seiner Regierung auf Gallipoli Friedhöfe errichtet und Leichen identifiziert hatte. Er erzählte, man zahlte den Türken zehn Pfund Sterling für eine Leiche oder ein Skelett. Von 25 000 wären nur 12 000 identifiziert worden. Hunderttausende von Pfund wären für Grabmonumente, Anpflanzungen und Inschriften verausgabt worden. Ich dachte bei mir, sie kosten den Staat viel, diese Toten, mehr in der Tat als die Witwen und Waisen, die sie zurückgelassen.

Sheridan auf dem Weg nach Mudania und zurück nach Istanbul
Bei der Ankunft in Konstantinopel erfuhr ich die Neuigkeit, daß zur Zeit in Mudania, einem kleinen Dorf an der anatolischen Küste, eine Friedenskonferenz stattfand, bei der die Alliierten, unter Leitung Englands, den Vorsitz führten.

Im Pera-Palace-Hotel fand ich ein wimmelndes Durcheinander aufgeregter Pressevertreter, aus der Fassung gebracht durch eine offizielle Erklärung von englischer Seite, daß kein Korrespondent zur Konferenz zugelassen werden dürfe.

Jeder General im Kriege weiß sicherlich, daß man durch Pulver und Blei, Minen und Gas wohl einen Feind in Schach halten kann, daß es aber kein Mittel auf der Welt gibt, Zeitungskorrespondenten abzuwehren. Es ist ihre Aufgabe, immer dort zu sein, wo etwas vorgeht, und gerade das Besondere und Geheime ist ihr spezielle« Tätigkeitsfeld. Für sie — also für uns — gab es jetzt nur ein Ziel: Mudania! Außerhalb Konstantinopels hörte der englische Machtbereich auf. Aus der Stadt fortzukommen, war also schon so gut wie gewonnen. Aber wie das bewerkstelligen? Es hieß, ein amerikanischer Zerstörer ständen zur Verfügung, doch wurde das sehr rasch dementiert. Die Machthaber der Vereinigten Staaten trugen kein Verlangen, mit England in Konflikt zu kommen.

Ich lavierte zwischen zwei eifrig verhandelnden Gruppen: der englischen und der amerikanischen, wobei ich den Vorteil hatte, daß ich mich je nach Bedarf bald zu der einen, bald zu der anderen schlagen konnte. Die Engländer dachten daran, einen Schlepper zu heuern, und überlegten, ob der hohe Preis die Sache rechtfertige. Der Prominenteste unter ihnen, der „Times"-Korrespondent, erklärte, es verlohnte sich nicht der Mühe; er könnte alle nötigen Informationen in Konstantinopel selbst bekommen. Dieser Herr stand mit General Harrington und dem diplomatischen Vertreter Englands auf besonders gutem Fuß und konnte daher nicht gut gegen ein ausdrückliches amtliches Verbot verstoßen. Er war sozusagen das Opfer seiner Beziehungen, markierte aber britischen Gleichmut.

Die Seele der amerikanischen Gruppe war John Clayton, von der Chicago Tribune", mein scharmanter und verhaßter Rivale, der mich in Smyrna um vierundzwanzig Stunden geschlagen und mir meine Nummer mit Kemal Pascha verdorben halle. Er war ein Mann von kühnstem Unternehmungsgeist, unermüdlich und nicht totzukriegen, ständig in Konflikt mit der englischen Zensur. Er samt einem Australier, einem Ungarn und einem Türken willigten ein, mich mitzunehmen; und es wurde abgemacht, daß wir die Kosten des Schleppers gemeinsam trugen. Gleicherweise wurde verabredet, daß alle Nachrichten und Interviews, die der einzelne etwa ergattern würde, als gemeinsame Beute allen zugutekommen sollte, so daß keiner vor dem andern einen Fang voraus hätte. Dabei blickte man mich scharf an, wie mir schien, und ich nickte natürlich zustimmend.

Während Clayton ein Schiff mieten ging und der Australier für Wegzehrung sorgte, eilte ich auf das Paßbureau, um meinen Paß abzuholen, den man mir bei der Landung am Morgen abgenommen hatte. Die Beamten, meine Ungeduld bemerkend, fragten: „Wozu diese Eile?" Meine ausweichenden Antworten machten sie mißtrauisch, und einer sagte: „Sie wissen doch, daß es Journalisten verboten ist, nach Mudania zu gehen?"

„O ja, ich weiß ..." erwiderte ich.

„Wollen Sie etwa nach Mudania?" fragte einer, grinsend, als hätte er einen guten Witz gemacht.

„Nun — ja!"

„Ich fürchte, das wird nicht möglich sein."

Ich streckte meine Haud nach dem Paß aus, worauf er sich erbot, das Hauptquartier anzuläuten, um „zu versuchen, ob ich für Sie Erlaubnis bekommen kann".

„Oh, bitte bemühen Sie sich nicht", sagte ich und nahm rasch meinen Paß.

Wenige Minuten später schon war unsere kleine Schar, wohl versehen mit Brot- und Wurstpaketen sowie Reiseschreibmaschinen, unterwegs.

Bevor wir noch aus dem Bereich des Goldenen Horns gekommen waren, setzte uns ein englisches Patrouillenboot nach und hielt uns an. Wir waren in ziemlicher Besorgnis; aber zum Glück waren unsere Schiffspapiere in bester Ordnung, und vielleicht war auch die Anwesenheit einer Frau ein milderndes Moment. Wir durften unsern Weg fortsetzen. Die sechsstündige Fahrt durch das Marmarameer war wie ein herrlicher Traum. Die hinter Europa versinkende Sonne ließ das Meer wie purpurn schillernde Seide erglänzen; der Vollmond stieg über Asien auf und erleuchtete die Nacht taghell.

Die türkische Besatzung hatte auf dem erhöhten Heck des Schiffes orientalische Teppiche *ausgebreitet. Unser kleiner Dampfer lag so tief, daß wir bei einem der dort so häufigen plötzlichen Stürme augenblicklich heruntergeschwemmt worden wären; aber die Nacht war unheimlich still, und leicht gekräuselt lag das Meer, soweit das Auge reichte. Einer nach dem ändern sank in Schlaf; nur ich allein lag wach, blickte zu den Sternen auf und lauschte dem leisen Geplätscher des Wassers an den Wanten — eine der holdesten Melodien, die ich kenne. Gegen Mitternacht kam die kleine Stadt in Sicht, deren Name vor kurzem noch der Welt völlig unbekannt gewesen war. Die Lichter großer Kriegsschiffe setzten die neugewonnene Bedeutung des Ortes in die rechte Beleuchtung. Wir machten am Kai fest; türkische Schildwachen kamen heran und hockten sich mit gekreuzten Beinen an den Rand der Ufermauer; mit ihren hohen Pelzmützen und umgehängten Flinten hoben sie sich scharf gegen den nächtlichen Himmel ab. Sie rauchten unsere Zigaretten und gaben ihrem Bedauern Ausdruck, daß es zu spat sei, um uns an Land zu lassen.*

So mußten wir denn den Rest der Nacht auf dem kleinen Schiff verbleiben. Es gab nur eine einzige Kabine, und die wurde mir einstimmig zugesprochen. Auf Deck gab es Moskitos, und die Luft war widerlich verpestet vom Gestank verwesender Leichen, denn auch hier hatte man, wie in Smyrna, Flüchtlinge eingeschifft. Es war sehr großmütig, daß man mir die Kabine überließ, aber binnen kurzem hatten mich die Flöhe wieder daraus vertrieben. Da war es immer noch besser, mit der Handtasche als Kopfkissen auf Deck zu liegen; aber ich schlief nur wenig, das harte Lager schmerzte, die Moskitos stachen und der Mond schien mir wie eine nahe Bogenlampe gerade ins Gesicht; obendrein kamen noch türkische Soldaten an Bord und spazierten, laute Gespräche führend, auf und ab.

Mehr tot als lebendig, begab ich mich in der Frühe des nächsten Morgens zusammen mit den anderen nach dem Konak, dem Stadthaus des kleinen, kieselgepflasterten Fleckens, wo die Konferenz tagte. Englische, französische und italienische Delegierte waren von ihren verschiedenen Kriegsschiffen gleichzeitig mit uns an Land gegangen. Wir waren ihnen allen bekannt, und unser Erscheinen rief große Überraschung hervor. Die Franzosen lächelten, die Italiener lachten, die Engländer runzelten die Stirn. Griechen waren nicht dabei, denn die Türken ließen sie nicht an Land; so blieben sie an Bord eines höchst schäbigen alten Linienschiffs, das keine Flagge zeigte und halb verborgen hinter dem britischen Admiralschiff lag. Die Türken waren sehr erstaunt, als wir im Stadthaus ankamen, besonders da ich die einzige Frau weit und breit war. Türken und alliierte Offiziere saßen zusammen auf der Veranda mit dem Blick über das Meer und diskutierten die jüngsten Möglichkeiten und Entwicklungen. Ich hatte mich kaum zu ihnen gesetzt und genoß eben eine Tasse türkischen Kaffees, als Oberst Sarou, der französische Militärattaché, erschien und mich aufforderte, zu Mr. Franklin Bouillon heraufzukommen. Dieser hielt sich abseits und lehnte es ab, an den Konferenzsitzungen teilzunehmen; wahrscheinlich wollte er vermeiden, mit den Engländern aneinanderzugeraten. Wie dem nun sein mochte, jedenfalls blieb er wohl verborgen in einem Raum, der tagsüber als sein Arbeitszimmer, nachts als Ismet Paschas Schlafzimmer diente. Ein dicker, jovialer Herr mit blinzelnden Augen und lachendem Gesicht begrüßte mich; und nachdem er mich eingehend gemustert hatte, fragte er:

„Und was tun Sie hier, Madame?"

„Ich wollte Sie gerade interviewen", sagte ich.

Er lachte.

„Sie sind das ‚enfant terrible' von Europa!"

Nach einer kurzen Unterhaltung, während der er mehr mich interviewte als ich ihn, fragte er plötzlich mit boshaftem Zwinkern:

„Darf man sich erkundigen. Madame, wo Sie die Nacht zu verbringen gedenken?"

„Ich werde schon irgendwo ein Unterkommen finden."

Darauf wurde er plötzlich ernst.

„Wir werden uns Ihrer annehmen", erbot er sich aus freien Stücken; und er hielt Wort. *(Wenn ich bedenke, daß ich englische Staatsangehörige war und zahlreiche englische Schiffe im Hafen lagen, und daß ich für Amerika schrieb und nicht die geringsten Beziehungen zu den Franzosen hatte, so kann ich nicht umhin, in diesem unerwarteten Anerbieten einen neuen Beweis vom Walten der Vorsehung zu erblicken.)* Franklin Bouillon nahm mich zum Frühstück an Bord des französischen Flaggschiffs mit; und nach einer kurzen geflüsterten Besprechung mit Admiral Dumesnil bot mir dieser seine Gastfreundschaft an. Ein Leutnant überließ mir seine Kabine, und so verbrachte ich denn die nächsten Tage auf dem Schiff des Admirals.

In Mudania traf ich auch General Charpy und meinen Freund Hamid Bey, den Vertreter von Angora. Franklin Bouillon unterhielt sich während dieser Zeit täglich mit mir, gab mir Auskünfte und diktierte mir Artikel (die übrigens, da die englische Zensur sie beanstandete, über die französische Botschaft geleitet wurden). Franklins Entgegenkommen lag vielleicht die Absicht zugrunde, mich als Leitungsdraht für französische Propaganda zu benutzen. Darin machte er es ähnlich wie die Bolschewiken, die in mir auch ein brauchbares Mittel für ihre Zwecke zu sehen meinten. Wie damals, so versuchte ich auch jetzt, mir die Selbständigkeit und Unabhängigkeit meines Urteils zu bewahren, aber schließlich läßt sich, wenn man die Dinge immer nur aus einem Gesichtswinkel zu sehen bekommt, eine Beeinflussung nicht ganz vermeiden. Die Engländer waren verstimmt, weil ich mich an Bord eines französischen Schiffes aufhielt. Aber warum haben sie mir dann nicht den Schutz angeboten, den andere für selbstverständlich hielten? Es schien der Höflichkeit jeder anderen Nation, nur nicht der meinigen, überlassen, sich meiner anzunehmen.

Als John Clayton von meinem Aufenthalt auf dem französischen Flaggschiff erfuhr, verdüsterte sich sein Journalistenantlitz, und mir schlug das Gewissen wegen der vereinbarten Teilung unserer Informationen. Er fragte mich, ob ich irgendein brauchbares Interview mit Franklin gehabt hätte. Ich konnte ihm unmöglich gestehen, daß ich Einsicht in alle Telegramme bekam, die zwischen Franklin und Kemal gewechselt wurden, noch daß Franklin alle meine Artikel und Kabeldepeschen Wort für Wort durchkorrigierte, und daß ich so in der Tat den reichsten Fischzug gemacht hatte, den man sich nur erhoffen konnte.

Für das englische Volk im ganzen war der Name Franklin Bouillon ein rotes Tuch; man erblickte in ihm den Inbegriff alles Anti-Englischen. Vielleicht, daß er mich täuschte; auf jeden Fall hatte ich einen ganz anderen Eindruck von ihm. Nie hätte ich mich dazu hergegeben, Berichte nach Amerika zu senden, die meinem Vaterlande hätten schaden können; und Franklin verlangte das auch nicht von mir. Mit meinen Sympathie jedoch war ich auf türkischer Seite, und dort standen auch, wie mir Kemal erklärt hatte, die Sympathien des englischen Volkes; es war nur die englische Regierung, die eine gegenteilige Politik verfolgte und sich, indem sie auf das falsche Pferd setzte, in eine höchst bedenkliche Lage verrannt hatte.

Ich sprach mit Franklin ganz offen über seine angebliche Englandfeindschaft. Er betonte mit allem Nachdruck, weder seine Gefühle noch seine Tätigkeit seien antibritisch; er arbeite allein für Frankreich, und fügte hinzu: „Frankreich ist der loyalste Verbündete und hat einzig den Wunsch, zu verhindern, daß England auf eine unfehlbar verhängnisvolle Bahn gerät. Zugleich wünscht Frankreich, dem türkischen Volke ein Schutz zu sein, dessen Sache eine gerechte ist." Franklins Mutter war Engländerin, und er hatte schon in frühester Kindheit Englisch gesprochen. In seiner Natur waren zwei deutlich voneinander geschiedene Wesenheiten erkennbar: er war ebensosehr „moqueur" wie Gefühlsmensch. Seine Neigung galt der Musik, und er erklärte, er wäre lieber Komponist als Politiker geworden. Dennoch hatte er viele Lebensjahre den Völkern des Ostens und ihren Problemen gewidmet, die ihn in hohem Maße fesselten. Einzig seiner Freundschaft mit Mustapha Kemal war es zu verdanken, daß die Feindseligkeiten (vierzehn Tage vor der Konferenz) eingestellt wurden. Die Telegramme, die dieses Wunder zustande brachten, lauteten:

„Ich bitte Sie, um unserer alten Freundschaft willen und in Erinnerung an schicksalsschwere Tage der Vergangenheit, alle militärischen Bewegungen einzustellen und jede Beantwortung diplomatischer Noten wenigstens so lange auszusetzen, bis ich Sie persönlich ge-

sprochen habe. Ihr Freund

Franklin Bouillon."

Und die Antwort:
„Ich erwarte Ihre Ankunft. Kommen Sie sofort. Ihr Freund Kemal."

Daraufhin wurde zwischen Frankreich und Lord Curzon in Paris vereinbart, daß Franklin Bouillon sofort nach dem Osten abreisen sollte.

Als Ismet Pascha von einer Gruppe internationaler Berichterstatter um Auskunft gebeten wurde über die Rolle, die Franklin Bouillon gespielt hatte, erklärte er:
„Franklin Bouillon hat allein fertiggebracht, was der ganzen Welt nicht gelungen ist: er hat den Vormarsch unserer Armee um vierzehn Tage aufgehalten."

Konnte aber dieser Waffenstillstand von Dauer sein? In der Hoffnung, dies zu erreichen, war Franklin nach Mudania gekommen; sein einziges Ziel und Streben war, den Waffenstillstand in endgültigen Frieden umzuwandeln. Mittlerweile aber bedeutete jeder Tag einen Gewinn für die Griechen im Interesse der Reorganisation ihrer Armee für den Fall, daß der Krieg weiterging; die Zeit war also gegen die Türken. Der türkischen Führung mußte alles daran gelegen sein, dem ersten Sieg unmittelbar einen zweiten folgen zu lassen, den Gegner zu schlagen, und zwar entscheidend zu schlugen, ehe ihm Zeit blieb, zu Atem zu kommen. So waren die Türken erklärlicherweise ungeduldig über den Zeitverlust, der ihnen durch die Verhandlungen der Konferenz aufgezwungen war. Zwischen Mudania und Paris brauchte eine drahtlose Botschaft nebst Antwort zum mindesten drei Tage. Man wußte, daß Lord Curzon und Poincaré in Paris verhandelten; aber die Ereignisse hatten sich so überstürzt, daß keine Regierung Zeit zu eingehenden Erwägungen gehabt, noch sich mit den anderen über ein gemeinsames Vorgehen hatte verständigen können.

Der 8. Oktober war der Tag höchster Spannung; die Entscheidung hing an einem Faden. Keiner wußte, ob die nächste Stunde Krieg oder Frieden bringen würde. Den ganzen Tag über wechselte hell und dunkel, wie das Wetter im April.

Gegen Mittag war der Horizont schwarz von Wolken. Ich saß mit Franklin beim Lunch; er versuchte seine Gefühle zu verbergen und machte die gewohnten Scherze, doch mit Tränen in den Augen. Ich beobachtete, horchte herum, suchte das Neuste zu erfahren, etwa wie man vor der Tür des Krankenzimmers auf die Entscheidung des Arztes harrt. Der ganze Nachmittag verging so in Hangen und Bangen; Franklin war der Verzweiflung nahe. Er hätte sich mit äußersten Kräften um die Erhaltung des Friedens bemüht, erklärte er, jetzt könnte er nicht mehr. Er ordnete an, daß sich sein Kreuzer zur Heimfahrt bereitmachen solle, etwa wie man sonst ein Auto bestellt. Gegen Abend, nach dem Essen, war ich mit Franklin an Deck des „Edgar Quinet", und er verfaßte einen letzten beredten Appell an Mustapha Kemal:

„Um des Weltfriedens willen ist es Ihre Pflicht, die Ihnen vorgeschlagenen Abmachungen anzunehmen; sie verletzen in keiner Weise das türkische Prestige."
In dieser Nacht beleuchtete ein goldner Mond die schneebedeckten Gipfel. Franklin wanderte ruhelos auf und ab, gehetzt von seiner inneren Erregung. Es schien ihm Bedürfnis, sich von der ihn bedrückenden Last zu erleichtern; er rief mich heran:
„Kommen Sie her, petite élève, hören Sie zu." (Er nannte mich seine élève, denn er war selbst früher Journalist gewesen und behauptete, ich brauche noch „training".) „Passen Sie gut auf — " und in leidenschaftlichem Ausbruch, mit knappen Strichen, gab er mir einen Aufriß der türkischen Lage:
„Verstehen Sie ... dieses Volk ist beseelt von einem Nationalgeist, der nicht unterzukriegen ist. Die Welt begreift nicht und will nicht begreifen, daß die Geburt der neuen Türkei sich im Krieg und durch den Krieg vollzogen hat. Schuld an der jetzigen Krisis hat eine falsch orientierte Politik — die englischen und amerikanischen Zeitungen sprechen immer nur von Massakres durch die Türken, sie scheinen nicht zu wissen, daß zwischen Eski-Schehir und Smyrna die Griechen jede Stadt und jedes Dorf niedergebrannt und sämtliche Einwohner hingemetzelt haben. Auf den Straßen Anatoliens irren Millionen Türken heimatlos und ausge-

plündert umher." Dann brach er plötzlich ab und rief: „Mon Dieu! Was für eine Veranwortung habe ich auf mich geladen gegenüber Angora, daß ich für den Frieden eingetreten bin."
Mir kam in diesem dramatischen Augenblick der Gedanke: zweifelte er etwa, ob sein Vorgehen auch die Billigung der Regierung finden würde, die er vertrat? Kann man sich je auf Regierungen verlassen ? Franklin hatte autokratisch aus eigener Machtvollkommenheit gehandelt, aber würde er bei seiner Regierung damit durchdringen? Das war gewiß eine höchst kritische Frage, aber er besaß den Mut und auch die Kraft seiner Überzeugung.

In dieser Nacht war an Schlaf nicht zu denken. Alles wartete auf die Entscheidung, jeden Augenblick darauf gefaßt, dass die Blinklichter an den Masten der Schiffe „Krieg" signalisierten. Unsere Herzen waren bedrückt - - schwer bedrückt.

In der Frühe des nächsten Morgens wurde Franklin Kemals Entscheidung in ihrer lapidaren Kürze ausgehändigt:
„Ihr Vorschlag ist angenommen. Seine Exzellenz Ismet Pascha ist ermächtigt, die Abmachungen sofort zu unterzeichnen."

Erregt eilte Franklin an Land. Die Spannung hatte sich gelöst: Friede — nicht Krieg! Doch als der kleine taube „Marechal" den Inhalt des Telegramms erfuhr, standen ihm Tränen in den Augen, und er schüttelte den Kopf:
„Ich hab' mir's anders erhofft," rief er, „wir hätten es anders verdient für alle unsere Opfer."
In der Frühe des nächsten Morgens wurde Franklin Kemals Entscheidung in ihrer lapidaren Kürze ausgehändigt:
„Ihr Vorschlag ist angenommen. Seine Exzellenz Ismet Pascha ist ermächtigt, die Abmachungen sofort zu unterzeichnen."

Erregt eilte Franklin an Land. Die Spannung hatte sich gelöst: Friede — nicht Krieg! Doch als der kleine taube „Marechal" den Inhalt des Telegramms erfuhr, standen ihm Tränen in den Augen, und er schüttelte den Kopf:
„Ich hab' mir's anders erhofft," rief er, „wir hätten es anders verdient für alle unsere Opfer."

Franklin legte den Arm um Ismets Schulter und versicherte ihm, daß sein Land am heutigen Tage durch seine Nachgiebigkeit im Interesse des Weltfriedens noch größer dastände „als an dem Tage von Afiun Karahissar, da Ihre Armee den Feind und Verwüster Ihres Landes vernichtend schlug."

Ismet Pascha schnitt alles Weitere mit den so charakteristischen Worten ab:
„Es ist der Tag Ihres Triumphs, mein Freund, und meine Enttäuschung muß aufgewogen werden durch Ihre Freude." Und darauf verkündeten die Engländer, daß der Friede einzig und allein nur ihrer Flottendemonstration zu verdanken wäre!

Dann endlich, in der blauen Morgendämmerung des 11. Oktober, nach einer im Konak durchwachten Nacht, (indessen ein paar ungeschulte Typisten fünf Abschriften des Friedensdokuments zur Unterzeichnung für alle Beteiligten herstellten), rief man uns in das Verhandlungszimmer. In unheimlicher Stille wurden die Papiere von Hand zu Hand gereicht: von General Harrington zum italienischen General Monbelli, von ihm zu Ismet Pascha und zuletzt an General Charpy. Alle Gesichter zeigten Spuren von Überanstrengung, die Bärte schienen sichtlich über Nacht gewachsen. Währenddessen drang von den griechischen Schiffen im Hafen ein seltsames Geräusch herüber. „Die Griechen stöhnen", sagte einer. Es war, als wollten sie ihre Existenz in Erinnerung bringen. Es klang wie der letzte ohnmächtige Protest eines Volkes, das, an dieser Konferenz am stärksten beteiligt, doch keinen Zutritt zu den Verhandlungen gehabt hatte, und dessen General (Mazarakis) seine Unterschrift verweigerte, wie Ismet verkündete. Man hatte über sie verfügt, als besäßen sie gar keinen eigenen Willen. Als dann jemand aus Versehen einen Hund trat, und ein Reporter samt seinem Kodak vom Tisch herunterfiel, fühlte man den unwiderstehlichen Drang, idiotisch loszukichern. General Harrington, sehr erregt, hielt eine kleine Ansprache, worin er sagte: „Als Fremde sind wir hier zusammengekommen, als Freunde gehen wir wieder auseinander." Ismet Pascha, so taub, daß alle Komplimente wirkungslos an ihm abglitten, antwortete mit vollendeter Selbstbeherrschung, daß die sorgenvollen Tage von Mudania immer zu seinen glücklichsten Erin-

nerungen zählen würden! Die türkische Militärkapelle, die während der ganzen Nacht türkische Weisen gespielt hatte, ließ einen Siegesmarsch ertönen, indessen wir alle auf unsere Schiffe zum Frühstück gingen. Und jedes Schiff lichtete so rasch als möglich Anker und dampfte eiligst davon.

Bei der Ankunft in Konstantinopel sahen wir zahllose englische Transportdampfer, die Verstärkungen heranbrachten. Ein hell bemaltes Rotes-Kreuz-Schiff lag für alle Fälle bereit. Als der „Edgar Quinet" das englische Flaggschiff passierte, spielte dieses die „Marseillaise", und wir antworteten mit „God save..."; und so endete denn alles gut, was schlimm hätte enden können.

Der Waffenstillstand von Mudania

Das vorangegangene Kapitel basierte auf den Erinnerungen von Clare Sheridan, die ihre Erlebnisse vor, während und nach dem Brand von Smyrna wiedergab. Dieses Kapitel analysiert die historischen Einzelheiten der beiden Ereignisse. Nur mit diesen Information kann das, was Sheridan berichtet, voll verstanden werden.

Etwas vor dem Zeitpunkt als Sheridan in Istanbul eintraf, marschierten Kemals Truppen auf die neutrale Zone an der Meerenge zu. Diese war von General Harrington mit wenigen alliierten Truppen besetzt, deren Aufgabe es war, die Griechen vom Marsch auf Istanbul abzuhalten und die Türken daran hindern, die Meerenge zu überqueren und nach Thrakien vozustoßen. Noch bevor Kemals Trupppen Smyrna beseetzt hatten, hatte der britische Kabinett beschlossen, dass falls Kemal die neutrale Zone an den Meerengen angreifen sollte, man sich ihm mit Waffengewalt entgegenstellen. Doch nun erfuhr man in London, dass die Franzosen und Italiener nicht bereit waren, die asiatische Seite gegen Kemals Angriff zu verteidigen. Doch man hoffte, dass sie bereit sein würden, die neutrale europäische Seite mit zu verteidigen. Doch falls dies nicht der Fall sein sollte, wollte General Harringon das asiatische Ufer allein zu verteidigen, aber er erhielt aus London den Befehl, das asiatische Ufer zu räumen.

Doch der General war nicht bereit, so einfach abzuziehen. Er wandte sich an die drei alliierten Hochkommissare in Konstantinopel und erhielt vom Italiener und Franzosen die Zusage, dass man bei Çanak und auf der Izmit-Halbinsel zusammen mit den Briten Flagge zeigen werde. Die Regierungen in Rom und Paris stimmten zu. Am 7. September trat das englische Kabinett zusammen und beschloss die neutrale Zone gegen Angriffe Kemals zu verteidigen. Am 11. September warnten die drei alliierten Hochkommissare Kemal davor, die neutrale Zone zu verletzen. Am 15. September trat das britische Kabinett erneut zusammen. Am Tag zuvor hatte Poincaré eingewilligt, eine gemeinsame Warnung an Kemal zu richten, die Meerengenzone nicht zu verletzen. Aufgrund dieser anscheinenden Bereitschaft zur Zusammenarbeit nahm das britische Kabinett eine härtere Haltung ein. Man werde eine Verletzung der Demarkationslinien durch Kemals Truppen nicht hinnehmen und jeden Versuch der Besetzung der Dardanellen oder des Bosporus durch die Kemalisten mit Krieg beantworten. Lloyd George, Balfour, Austen Chamberlain, und Churchill waren der Meinung, dass man eine klare Haltung einnehmen sollte. Churchill wurde beauftragt eine entsprechende Erklärung zu formulieren, die am 16. September veröffentlicht wurde. Darin hieß es, dass man Harringtons Truppen um eine Division verstärken und die Flotte entsenden werde. Die Balkanstaaten sollten sich den Alliierten anschließen. Gleichzeitig wurden die Dominions aufgefordert, Interventionstruppen bereitzustellen. Lloyd George stimmte Churchills Text zu. Alle Dominions, mit der Ausnahme von Neuseeland, lehnten die Forderung Londons jedoch ab.[1]

Churchills Kommuniqué löste bei Poincaré einen Wutausbruch aus. Er befahl dem französischen Kontingent an den Dardanellen, sich zurückzuziehen. Die Italiener hatten schon zwei Tage zuvor ihre Neutralität erklärt. Dadurch zählten die britischen Verteidiger der neutralen Zone an den Meerengen gerade noch 3.000 Mann. Aber auch Kemal hatte Churchills Communiqué gelesen und ließ Çanak (heute Çanakkale) links liegen und ließ seine Truppen in Richtung der Izmit-Halbinsel östlich von Konstantinopel marschieren. Dadurch gewann die britische Seite Zeit.

Am 20. September fuhr Curzon nach Paris, um die gestörten Beziehungen wiederherzustellen. Kurz nach seiner Ankunft ließ er bei den Rumänen vertraulich nachfragen, ob sie bereit wären, Truppen an die Meerengen zu senden. Der Vertreter Rumäniens wich aus, informierte aber den Quai d'Orsay darüber. Die Wut Poincarés war grenzenlos. Er befahl, die französischen Truppen aus Çanak und von der Izmit-Halbinsel abzuziehen. Bei der ersten Sitzung kritisierte Curzon das Verhalten der Franzosen in den vergangenen beiden Jahren scharf,

---

1 Nicholson, *Curzon*, p. 272; Churchill, *Aftermath*, pp. 424-428.

am Nachmittag kam Poincarés Gegenangriff, der genauso bissig war. Curzon wollte die Verhandlungen abbrechen, daraufhin intervenierte Sforza, und am 21. September fand man einen Kompromiss: Harrington sollte zusammen mit seinem französischen Kollegen Kemal in Mudanya auf der Südseite des Marmarameers treffen, um eine Linie festzulegen, über die die Türken nicht vorrücken dürften. Danach werde eine Konferenz in Venedig einberufen werden, auf der über den Frieden zwischen den Alliierten, der Türkei und Griechenland verhandelt werden sollte.

Die Griechen müssten Thrakien bis zur Maritza-(Evros-)Linie räumen, und alliierte Truppen würden für eine Übergangszeit das Gebiet besetzen. Danach würde das Gebiet Kemal überlassen werden, der dafür die Neutralität der Meerengen respektieren sollte. Die Griechen wurden von diesem Beschluss nicht in Kenntnis gesetzt. In London war man von diesem Vorschlag sehr angetan. Es bestand der Eindruck, dass die Krise diplomatisch beigelegt werden könnte.[1]

Doch da kam es auf der griechischen Seite zur Revolution. Da die Revolutionsregierung mit Venizelos kooperierte, fürchteten Curzon und Poincaré, dass dies die pro-griechischen Sympathien in England wiederbeleben könnte. Auch Kemal kam zu ähnlichen Schlussfolgerungen und befahl daher seinen Truppen, auf Çanak vorzurücken. Dies geschah, aber als die türkische Infanterie das britische Drahtverhau vor Çanak erreichte, hielt sie inne. Einige Tage lagen die Truppen einander gegenüber, ohne dass etwas passierte. Offensichtlich hatten beide Seiten befohlen, einen bewaffneten Zusammenstoß zu vermeiden. Es kam sogar zu Verbrüderungsszenen zwischen den einander gegenüber liegenden Truppen. Harington und Kemal tauschten Telegramme aus, die aber wenig bewirkten. Kemal fuhr fort seine Truppen zu verstärken.[2]

Am 23. September gab Kemals Innenminister dem Journalisten John Clayton ein Interview, in dem er erklärte, dass man die gesamte christliche Bevölkerung vertreiben werde. *"'No Greek can live in Anatolia among the Turkish population after this retreat. [...] There is only one solution - exchange the Christian population for Moslem minorities in other parts of the world.' Clayton asked if he could consider this suggestion as official. 'You can,' replied the minister. Clayton noted that Americans found this the happiest solution'."*[3] Am 4. Oktober 1922 sagte Kemal in einer Rede vor der Großen Nationalen Versammlung: *"'We must clear our enemies from every part of our nation. But we may not need war to accomplish this. If they will make the enemy leave Thrace, we will not be forced to resort to military operations. The enemy,' as far as the Turks were concerned, was not restricted to men in uniform."*[4]

Am 29. September beschloss das Kabinett in London, Kemal über General Harrington ultimativ aufzufordern, seine Truppen zurückzuziehen, anderenfalls drohe Krieg. Curzon war gegen dieses Ultimatum und verlangte einen Aufschub, um vielleicht doch noch die Unterstützung Poincarés zu gewinnen. Die Mehrheit des Kabinetts lehnte das jedoch ab. Englands Vertreter in Konstantinopel, General Harrington und Oberkommissar Horace Rumbold lehnten ein überstürztes Vorgehen genau wie Curzon ab, gingen über Instruktionen hinweg und entwickelten eine eigene Initiative.

Inzwischen hatte Kemal erfahren, dass Venizelos wieder Vertreter Griechenlands bei den Alliierten werden sollte und dadurch die öffentliche Meinung in Großbritannien und Frankreich wieder umschlagen könnte, daher nahm Kemal eine Kursänderung vor. Am 29. September erklärte er sich zur Aufnahme von Verhandlungen bereit. Als der französische Hochkommissar ihn aufforderte, den Marsch auf Konstantinopel einzustellen, antwortete er, *"that he was unable to stop his triumphant soldiers. 'Our victorious armies...', he said with a chuckle once the High Commissioner had left the room. 'I don't even know where they are.*

---

1 Nicolson, *Curzon,* p. 273f.
2 Kinross, *op. cit.*, p. 333f.
3 Housepian, *op. cit.*, p. 211.
4 *Ibidem*, p. 212.

Who knows how long it would take us to reassemble them'."[1] Kemal wollte keinen neuen Krieg. Er wusste, wenn es ihm gelang, die Briten zu isolieren, würde er sein Ziel erreichen.

Die Konferenz begann am 3. Oktober. An ihr nahmen die drei Vertreter der Alliierten und Franklin-Boullion als Beobachter teil. Verhandlungsführer der Türken war General Ismet (Inönü), der schon am ersten Tag der Konferenz forderte, dass man den Türken gestatten solle, die Meerenge zu überschreiten und Ostthrakien zu besetzen. Harrington lehnte dies ab. Aber der französische Vertreter vor Ort (Franklin-Bouillon) unterstützte die türkischen Forderungen. Ismet verlangte, dass die Griechen binnen 15 Tagen Thrakien räumen sollten Die geräumten Gebiete sollten der kemalistischen Regierung übertragen werden. Die noch in Thrakien verbleibenden alliierten Kommissionen und Truppen sollten sich nicht einmischen dürfen. Eine Erklärung, dass Thrakien der Türkei gehöre, müsse abgegeben werden. Die Zahl der Gendarmen dürfe nicht begrenzt werden.

Aufgrund eines Telegramms von Kemal vom 6. Oktober, in dem er drohte, die Türken würden am 6. Oktober Çanak angreifen, begannen neue Verhandlungen zwischen Curzon und Poincaré. Curzon machte Poincaré klar, dass England einem Angriff auch ohne Bundesgenossen mit Waffengewalt begegnen werde. Er wies darauf hin, dass England inzwischen seine Truppen verstärkt hatte. Poincaré zögerte noch, aber als er erkannte, dass die Briten, die inzwischen Verstärkungen, vor allem Einheiten der Flotte, an die Dardanellen geschafft hatten, bereit waren, die Meerengen auch ohne französische Unterstützung zu verteidigen, lenkte er ein. Man fand einen Kompromiss: Die Griechen würden sich hinter die Maritza (Evros) zurückziehen und die alliierten Truppen würden das geräumte Gebiet bis zur endgültigen Übertragung an die Türken im Rahmen eines Friedensvertrags besetzt halten. Die griechische Delegation wurde vor vollendete Tatsachen gestellt.

Der drohende erneute Krieg führte dazu, dass man im Parlament in Ankara Kemals harten Kurs kritisierte. Man solle kompromissbereit sein, um einen erneuten Krieg zu vermeiden. In einem solchen würden die griechischen Truppen von britischen unterstützt werden. Andere Abgeordnete waren für den Abbruch der Verhandlungen

Am 9. Oktober erklärte Ismet Pascha sich bereit, diese Bedingungen zu akzeptieren. Am 11. Oktober wurde der Waffenstillstand von Mudanya von Harrington, seinem französischen Kollegen Charpy, Ismet Pascha und General Mazarakis unterzeichnet. Am 15. Oktober begann der Rückzug der griechischen Armee aus Thrakien.

Auf den ersten Blick hatte Curzon sich durchgesetzt. Doch die genauere Analyse zeigt, dass die Franzosen und die Türken das erreicht hatten, was sie wollten, und die Griechen mussten den Verlust von Ostthrakien hinnehmen. Das einzige, was die Briten erreichten, war ein Zeitgewinn bis zum Beginn der Friedensverhandlungen in Lausanne. Die Öffentlichkeit war mit dem harten Kurs von Lloyd George und Churchill nicht einverstanden. Die Koalitionsregierung wurde beschuldigt, das Land an den Rand eines Krieges gebracht zu haben. Dies wiederum veranlasste die Konservativen auf Distanz zu Lloyd George zu gehen. Am 19. Oktober erklärte Andrew Bonar Law, der Führer der Tories, den Rückzug seiner Partei aus der Kriegskoalition. Lloyd George erklärte seinen Rücktritt als Premierminister. Er spielte nie wieder eine Rolle in der britischen Politik. Am 26. Oktober wurde das Parlament aufgelöst und Wahlen für den 15. November anberaumt, aus denen die Konservativen als Sieger hervorgingen. Bonar Law bildete die neue Regierung. Curzon blieb Außenminister

Der Waffenstillstand von Mudanya und der Rückzug der Armee lösten eine zweite Flüchtlingswelle aus. Die ländliche Bevölkerung Ostthrakiens hatte von den Gräueln in Smyrna erfahren und befürchtete, dass nach dem Abzug der Armee in Ost-Thrakien etwas ähnliches geschehen könnte. Über diese Ereignisse liegt ein Bericht von Ernest Hemingway vor, der eine ähnliche Qualität wie der von Sheridan.[2]

Es dauerte 50 Jahre bis 1972 bis die erste wissenschaftliche Darstellung über die Vorgänge

---

1 Milton, *op. cit.*, p. 345f.
2 Ernest Hemingway, "Die Flucht aus Thrazien" *The Toronto Daily Star* (20 Oktober 1922)

in Smyrna von Majorie Housepian[1] erschien. Weitere wissenschaftliche Darstellungen folgten, aber sie wurden nur von dem kleinen Kreis der an der griechischen und armenischen Welt Interessierten wahrgenommen. Der Genozid an den Armeniern wurde von vielen Volksvertretungen in Europa zur Kenntnis genommen - zuletzt 2016 in der Bundesrepublik, aber der Ablauf und das Ausmaß der schrecklichen Vorgänge in Smyrna 1922 sind bis heute fast eine terra incognita, sieht man von meiner Darstellung des griechisch-türkische Krieges einmal ab.[2] Noch schlimmer vernachlässigt ist die Entwicklung auf den Nebenkriegsschauplatz des Pontos. Dort ließ Kemal die Griechen durch die Mörderbanden des Topal Osman umbringen, der zuvor die Armenier massakriert hatte. Nur wenige Prontosgriechen konnten in die Sowjetunion fliehen und überlebten dort in der Stadt Mariupol bis zum Zerfall der Sowjetunion. Griechische Kinder wurden umerzogen und wurden zu Türken. Ein typisches Beispiel ist der gegenwärtige Staatschef Erdogan, dessen Großvater als Pontosgrieche ermordet wurde.

---

1 Marjorie Housepian, *Smyrna 1922. The Destruction of a City* (London: Faber, 1972)
2 Heinz A. Richter, *Der griechisch-türkische Krieg 1919-1922* (Mainz: Rutzen, 2016).

The English eyewitness report of the expulsion of the Greeks (1938) by Clare Sheridan

Clare Sheridan

Der zweite Augenzeugenbericht in englischer Sprache über die Vertreibung der Griechen aus Smyrna erschien 1938. Zwar schrieb die Autorin das Buch von vorne herein schon in englischer Sprache, aber es gab Gründe, aus denen ihre Geschichte nicht schon in den 20er Jahren erscheinen konnte. Es handelte sich um einige Affären, die sie nach dem Tod ihres Mannes hatte. Die erste war jene mit Charlie Chaplin nach dem Kriegsende. Ihr folgte eine Affäre mit Leo Trotzki, die während der Bildhauerarbeit in Moskau an Lenin und Trotzki stattfand. Ihre Schilderungen sind sehr zurückhaltend und maximal als erotisch zu charakterisieren, aber auf keinen Fall als pornographisch. Doch solche Beschreibungen waren im England der 20er Jahre angesichts der viktorianischen moralischen Verklemmtheit noch zu früh. Deshalb erschien die englischen und französische Ausgabe erst zehn Jahre später. Das Deutschland der Weimarer Zeit war da erheblich aufgeschlossener.

Doch die beiden Augenzeugenbrichte über die griechische Vertreibung aus Smyrna sind in beiden Sprachen wichtige Quellen, auf die nicht verzichtet werden kann. Deshalb wurde beschlossen, auch die englische Version in diesen Band aufzunehmen, da nicht jeder der deutschen Sprache mächtig ist. Die englische Version ergänzt die deutsche und öffnet für viele Leser eine neue Sicht auf die Vorgänge in Smyrna 1922.

Hier die bibliographische Angabe für die englische Version:
Clare Sheridan, *Nuda Veritas* (London: Thornton Butterworth, November 1927)
Die hier reproduzierten Seiten sind 272-297

IV
For nearly three months I had been obliged to study European onditions änd politics, and so I was more or less prepared tor the Constantinople imbroglio. "Inter-allied control" it was called, and from what I saw of it, the Turks were justified for all their hatred of the foreigner and the vengeance they have displayed since.
The control of a foreign city by even one alien power is usually a grirn fiasco, but the control of Constantinople-by three cannot be imagined by anyone who did not see it. It finished European prestige for he Turk. The mismanagement, the injustice, the brutality, the endless insult and humiliation to which the Turks were subjected, is a dark blot on international history. I found myself in the midst of this and obliged to write about it. If I criticized the others, I was equally obliged to criticize my own.
I seemed to have arrived at a psychological moment. Constantinople was hung with Turkish flags in celebration of their sweeping victory over the Greeks. Everywhere one saw pictures of Mustapha Kemal, the one man who from overwhelming defeat and humiliation had led the Turks to victory.
They felt they could at last lift up their heads in spite of the uniformed officials of three foreign nations who thronged their streets ; they could be tolerant a little longer, because the end was drawing near. Already the " inter-allied " forces were divided among themselves. The British seemed to be on the brink of war with Turkey, whilst t}e French, busilyequipping the Turks, declared with the Italians that they would take no part in the event of hostilities. The air was full of wild rumours. Every day, every hour grew more tense. Would the triumphant Kemal stop short in Anatolia or would he defy the British and pursue their protCgi across the

Marmora into Thrace ?

The Greek and Armenian populations of Constantinople were convinced that Kemal was about to march into the town, and they were in a panic of apprehension. The ragged remnants of Wrangel's Russian army also were in dismay lest the entry of Kemal bring in the allied Bolsheviks. Meanwhile the Sultan, who had bound himself body and soul to the British for protection, and who the year before was guilty of having condemned Mustapha Kemal to death, lamented the Turkish victories and prayed to Allah to protect him from the Kemalist!

As for the journalists, they were wringing their hands and tearing their hair. They were up against inter-allied as well as Turkish censorship. By the time the British, the French, the Italians and the Turks had deleted everything that might be derogatory to themselves or their policies, there was little left.

Hamid Bey, the representative of Angora, who had his ofrce in the headquarters of the Red Crescent at Starnboul, seemed to be the only source of reliable information. He received me always graciously, and kept me constantly informed. He said the Turkish army meaut to pass the straits. The Greek army had been allowed to pass, and the Turks could claim equal neutral rights. General Harington had told him that if the Turks attempted to pass he had orders to fire. Each believed the other was bluffng.

It is not necessary to rake up these details, they are plentifully recorded and have passed into history. I had but one ambition and that was to see Mustapha Kemal. To this end I consulted Hamid Bey, and he advised me to forget my British passport, gave me instead a Turkish identification paper and indicated a boat that was leaving for Smyrna.

The boat on which I took passage belonged to the Messageries Maritimes and was bound for Beirut with French officers. It only stopped at Smyrna in order to disembark a delegation of the Red Crescent. The Turkish officials who came on board examined the paper Hamid Bey had given me, and which, being inscribed in Turkish, I could not read, and they passed it round from one to another and then rose to their feet, bowed and shook me by the hand. They proceeded to inform me that the town was in a most unsettled state (one could see the hollow shell-like house fronts along the-water's edge and smoke still rising from the ruins). Bandits were in hiding, refugees were camped all along the water-front, the only hotel was in the Turkish quarter and was no safe place for a wornan alone. They seemed anxious to help, but unfortunately helpless. Something had to be decided, and quickly, for the steamer was almost immediately going to continue on its way. I had no wish to be carried on to Beinrut. There I stood upon the deck witl my suitcase and a petrol tin full of clay (for I was determined to reach Mustapha Kemal only as a journalist if the sculptor failed), but no one would let me go ashore. An American newspaper correspondent, who was accompanying the French, then took plty on me. " It is not much I can do," he said, " but there's just time." He ordered a boat and took me and my suit-case and my clay tin alongside a United States destroyer and introduced me to the Commodore. " I leave her in your hands, Commodore," he said, " she isn't an American subject but she's an American correspondent. Good-bye ! "And he returned hastily to the steamer that was already weighing anchor.

The bluejackets stood looking first at me and then at the Commodore with faces like masks, and the Commodore, with all the seriousness of a young man who has responsibility, looked at me severely. The row boat had gone away and left me; he could hardly tlrow me overboard.

You can stay until we find a place for you on shore," He said.

I stayed five days !

One of the lieutenants gave me his cabin. I was treated as the ship's mascot and nobody complained of my presence. On the contrary, I fell into the ship's ways and regulations with an ease that suggested I had been accustomed to discipline all my life ! I took root and wished those days might become a lifetime. The officers vowed it was excellent for the ship's moral, to have a wornan on board. They were nice! I shall never forget them and the hundred little ways in which they attended to my comfort. No race in the world can beat the American for chivalry. There was no British ship in the harbour, happily, for the British would surely not have taken me on board, and if not the British then why the Americans ? As it was; they felt there was no alternative. The British were conspicuous by their absence. French, Italian and American flags were stuck up everywhere, Greeks and Armenians huddled beneath their imagined protection. The British flag was nowhere to be seen.

I felt so unhappy that my people should have been the supporters of those most absurd Greeks. The only people who appeared to be in the least respected were the Americans, because they were so dcterminedly neutral. In their neutrality they were able to be oI more use than any friend or ally. Each side-Turk as well as Greek-trusted them, and whatever favours they asked were invariably granted.

The day following my arrival I went ashore with one of the lieutenants from the destroyer (the Commodore would not let me go alone), who commandeered a Ford car that stood before the United States Consulate and drove me to the villa outside the town where Mustapha Kemal had his temporary headquarters.

It stood at the top of a terraced garden overlooking the bay. f came by appointment, and as I followed an aide-decamp up a thousand steps in between shady trees and cascading stream I was conscious of a party of people watching me from above. Somewhat hot and out of breath, I reached the summit. There was an intimidating silence as I followed my conductor across the crowded terrace and into the house. The Ghazi at my approach had evidently left his party in order to receive me in the salon. His sphinx-like expression and unsmiling ultra-politeness ryere to me quite unfathomable. I was disconcerted by the fact that having placed me on a sofa he sat the other side of the room near an open window so that the people orr the terrace could overhear us. The distance between us was chilly, and he spoke French correctly but with difficulty.

He was dressed in so simple a uniform that one would not have guessed he was a Marshal, and his fair hair and blue eyes were very unoriental. He fingered a tesfi of red coral which gave me the feeling that I was disturbing a man who was trying to say his prayers !

He told me that the day before he had given a two-hour interview to an American press representative, and that it was therefore useless to reiterate the political situation. My rival, who had taken the wind so completely out of my sails, was John Clayton, of the Chicago Tibunc; he had given me assistance on several occasions. I liked him, but f.or this I meant some day to be even with him.

Kemal avowed a desire for peace. He said he knew that the English people were not against him, but onlythe English Government, " and I am acting with such patience-in order to give them every chance of retiring with digdty from the attitude they have adopted." And with grave assurance, he added : " The sympathy of the entire world is with us at this moment."

He hoped to be shortly in Constantinople, but he wanted if possible to get there by peaceful means in order to avoid a similar tragedy to that of the burning of Smyrna'

We discussed the relative importance of the Armenians as Turkish subjects. He said all the things about them that everybody knows. For instance, that they were the victims of foreign potitical intrigue, that in the Great War they helped itnprtial Russia agalnst Turkey. Always they had been inimical in spite of-the fact that they enjoyed equal rights of citizenship, had parliamentary representation, and were excused military seivice. He thought that if they had been left alone and not been incited by outside influence, they might have become assimilated into the Turkish nation' In any case he said emphatically: "Our feeling against them has nothing to do with religion."

A servant then appeared bearing a silver tray on which were beautiful old tankards of water and two dishes of jam' There were spoons but no plates. I was quite at a loss to know what to do. He smiled for the first time, seeing my embarrassment and explained this Turkish custom. One dipped the spoon into the jam pot and ate one cuillarde and then washed it down with waier. He set the example and then rather nervously (very nervously for such a self-possessed man) said he would like to send for the lady of the house." I had no interest whatever in meeting the lady of the house, and managed to delay his purose by producing a little collection of photographs of my work, and asking if he would let me do his bust' He seemed quite interested and stared long at Lenin.' He then said that although he was not a Communist he saw in

Communism a great many firne ideas: " But the Turkish psychology Bolihevism can have no root, for the Turks ari not irrdettists, and the peasants own their land; also there are no large properties or vaunted wealth, none of the provocative inequalities in fact, that are so evident in other nations."

"Will you do me the honour ? " I asked. He answered that he would be " proud and delighted."

 May I begin to-morrow ? " I begged excitedly. He hesitated.

" I have very little time. . . . "

" But still," I urged, ,."even Julius Casar managed to find the time, and Alexinder the Creati and Napoleon !"

At this juncture we were interrupted by the ".lady of the house, a short, thick-set, round faced, big-eyed;woman, youngt and looked at me with such insolent conternpt that further conversation, whether journalistic or artistic, was paralysed. Kemal said something to her in Turkish and tried to show her the photographs of my work, but she would .not look at them, emitted a scornful chuckle and crossed her arms as if to say."I wonder how much longer she wll remain."

I did not know that the lady in question was Kemal's briile to-be, if this fact could iustif\y or explain her extreme discourtesy. I got up to go, but I made a tast effort to secure the Ghazi's head!

" If you would let me . . . I will wait in Smyrna until you can spare the time. . . .,,

He looked rather hopelessly around the room and said: " Madarne, je ne suis pas chez moi."as if with the envouagement of the ladv of the house,,,'he might have consented. She remained however, disdainfully silent and he added conciliatingly:

" I will sit to vou in Constantinople.,,

"But that's a long way off ! ,, I exclaimed.

Perhaps not so Iong" he replied enigmatically.

And his blue eves had a hard determination. Latife Hanum (but it was she) liad captured this adamantine Trotzki, so well worth capturing. That she did not succeed in keeping him, that she lost him in the end, in rather, was publicly flung away by him, was the price she paid. She certainly was unworthy of the trophy. A woman of education and culture who represented the advance guard of Turkish emancipation she had a great chance of playing of a great part. Her arrogance and jealucy alienated everyone with whom she came in contact. At the end of three years, when the star of her fortunes set with the rapidity of a comet, not an espression of sympathy was evoked by her plighht.

After seeing Mustapha Kemal there was really no reason for remaining in Smyrna, but I had to await a means of getting away, and for some days the only ships that came in to the harbour were those (on an average of eleven a day) for removing the panic-stricken refugees.

The officers of the destroyer co-operated with the Turkish officials to accomplish this purpose, but the Americans were few and the refugees were an unending mass. With more resources a good deal could have been done to alleviate the appalling chaos, but without that handful of Americans who worked so indefatigably, conditions would have been unimaginably worse. The panic was caused because a date was fixed by the Turkish authorities for the evacuation; anyone remaining over that date expected massacre. Consequently,they could not get away fast enough, and as the townspeople were embarked, more refugees kept pouring in from the interior. Although the first day we embarked 40,000 into eleven ships between sunrise and sunset, the crowd that remained was just as great as before.

I had taken the opportunity when talking with Mustapha Kemal, to explain to him the confusion that was created by this time limit, and of the possibility of the evacuation not being completed within the time, and he assured me that the date was of no consequence and would be prolonged if necessary.This news we spread as far as possible, but it was not easy to convince hysterical maniacs, especially as we did not speak their language.

The horror of the first day was for me an initiation. During the first hour I suffered acutely from my impotence to help, and it was then that I was witness of a drama that made me shock-

proof: I was standing between an American offrcer and a Turkish guard, it was a fairly quiet moment, the refugees were waiting for the gates to be opened to admit them on to the embarkation pier. Next to me was a Greek who for some reason or other had just been arrested by the Turkish guard. I uoticed that he was looking at me very intently aud fumbling with his throat. The fixed look in his eyes was so strange that I wondered for a moment whether he he was trying to give himself a morphia injection, though whether it was customary to do so in the throat it did not occur to me the question at the moment. After a few seconds of looting ihus into each other's eyes, I realized that he didn't even see me, so intent was he upon his purpose. I seized an American who was near me by the arm, and in a voice vibrant with horror I cried :

" There is a man cutting his throat!",

The American told me very severely to pull myself together. From his tone I realized, that I was in danger. of making a fool of myself. He then said something to the Turkish guard, who looked at his prisoner with complete indifference, and made no attempt to stop him. There were thousands of spectators to this scene, all the refugeeswho were held back by soldiers with fixed bayonets, for fear they should rush the gate. A mad woman walked back. and forth gibbering toudly. The Greek meanwhile had inserted a penknife into his throat in an effort to cut his jugutar vein, bui he merely cut his vocal cords, bled horribly and emitted guttural sounds like an animal. I covered my face with my hands and hoped it would be over quiclly, but an unaccountable knocking sound forced me to turn and look. Having failed to die by cutting his throuat the man was trying to bash his brains out and against a large stone on the ground. This also failed, and mad with desperation and determined to die, he jumped over the quay into the filthy water that was stinking with rotten corpssi of men and beasts. An unmerciful Providence would not permit him to sink. His poor body floated on the surface. By sheer force of will he kept his face under, insisting upon drowning. :I was amazed. at the length of ttme it took. Every moment the red circle around him grew larger, and still he moved like a wounded bird. The Turks, so prodigal of their bullets, never had the mercy to help him to his death. Thev iust watched and waited and finally when he had ceased to move, one of them waded out and removed his coat from him and.searched his pockets. The corpse was then hauled up on to the,quayside and dragged face downwards through the dust and flung on one side like a heavy sack. Later he was thrown across the float of carriage and driveu away with his feet in absurd button boots hanging freely over the edge.

The fact that he was not left in the water to decompose with the other corpses, but was driven away in a carriage, suggests that he must have been a prisoner of some importance. I wonder what the circumstances were that made him so anxious to take his orvn life, The incident is not worth recording for its own sake, it was only one among many, to which after a few hours, one grew accustomed, but it was the first of all the horrors that I saw, and it gave me furiously to think. I had always imagined it must be so easy to die, that death in fact was always lurking in readiness to spring, that it was like a wild animal, against which one had to guard, and the dificulty therefore, the slowness with which this man died in spite of all his efforts, was a great surprise to me.

The Mussulmans believe that " what is written is written." A man, therefore, who takes his life is opposing that which is written. He is creating the end before it is meant to be. This man's hour had not come as planned by destiny, hence his difficulty. At least that is how I explain the phenomenon to myself. Others may argue that according to the destiny theory the man was destined to suicide, but I regard suicide as a violent act of revolt against that which is written in one's fate.

Every day I assisted at the terrible spectacle of the refugees forcing their way through the half-open gate on to the quay.The idea was to open only one half in order to control the flood, but those for whom the stream did not go fast enough tried to climb the spiked fence.They would drop their children and their baggage over and fail to get over themselves, or be beaten back by the Turkish guard. Families got separated and wept hysterically. Confusion and chaos reigned supreme. The men of military age were not allowed to depart, they were kept for no one knew what purpose, but it was rumoured they were intended to rebuild the areas that had been laid waste by the Greek army. In other words, it was probable that their families never would see them again. Sons were torn from their mothers, and husbands from wives and children. Some attempted to appear old and bent, or so ill as to necessitate having to be carried. some tried to pass the barrier disguised as women. The Turks kept a sharp look-out and no one escaped. Those who attempted to evide were roughly hauled back, or pursued and cracked on the head with tlie butt of a rifle.

The most merciless sun beat down upon this struggling mass of humanity. Those who had fought their way through, having been-whipped and trampled on and systematicaly"robbed ai each barrier, arrived at tle gangway in a state of collapse. The women were crying or fainting, some of them had lost their reason; it was necessary to take their babies from them and help them on board. I handled babies until my arms ached, dirty, half dead babies covered with scurvy, sucking at their mothers' empty breasts. There were cases of ct childbirth on the guay. Those who managed to be attended by the ship,s doctor or to be carried on 6oard on a stretcher in time were the lucky ones. One woman gave birth literally as she was being impelled along by the crowd rushing the gates. There was no chance of stopping or turning aside. Sie came through the gate, bent double over the new-born infant still atiached.

A young boy dreadfully overburdened with the family's belongings stumbled on tle gangway and fell between the ship's side and the quay and was drowned before he could be recovered. A frenzied woman beat her breasts and screamed, it was her son-but there was no time for sympathy, others came crowding or; she was lost in their midst.

There were dead and dying everywhere. When the piergates were closed after the departuie of a ship, people who seemed to be asleep were really corpses. An old man sat in a chair with his hands leaning upon the stick between his knees, in the attitude of Whistler;s picture of Carlyle. A cloth had been flrung over his head, and the. corners fluitered gaily in the wind. His kith and kin had sailed away and left iim sitting there. What could they do with the deld man? Before the gate was opened for the next rush, someone pitched him over the side into the water.

Those who got away on the overcrowded ships were hungry and parched, even dying of thirst. Children were wilting fike flowers. Some of them could not swallow because theii lips and tongues were blistered. It was not that water was scarce but there was no way of organi-zing the supply. If an attempt were made to give a glass of water to one dyrng, a hundred be-seeching hands, young and old, were outstretched. To such a crowd a bucketful was a mere drop, and the bucket would as often as not be spilt by those who frantically snatched at it be-fore it could reach those who most needed it. The suffering was infinitely too great to cope with. One tried one's best to reassure the crowd, but they would only weep and clutch our arms and kiss our hands; women clung round the officers' knees beseeching to be allowed to board the next ship, and offering all the money they had for a ticket. In vain one assured them they did not need any tickets, and that the next ship would not be the last. They were mad with fear and would not understand. Even some of the Turkish soldiers were moved to pity. One Turk told me it " made his heart ache " to see them. The Turkish soldiers were naturally cal-lous of human life as men are who have had fourteen years of war, but although they did mur-derous things one moment they were tender the next. I saw a Turk who had stoned a man to death h the water, throw himself upon a fallen child and protect it with his body from being trampled. at the gate. They were not, on the whole, as cruel as they might have been. They had crossed a country laid waste by the Greeks, where Turkish villages had been burnt and Tur-kish wonrcn and children massacred. The stories each told of the other made it difficult to take any part, but I saw Turkish soldiers exercise restraint and sometimes pity, and once when a Turkish officer caught a soldier robbing the refugees he beat him over the head in sight of all the mob until his cane broke, and then used another.

After the third day had passed in this way, a British cruiser steamed into the harbour. She was the flagship oI Admiral Nicholson. The Commodore, my host, signalled to him that I was on board; a reply signal invited me to lunch. The Admiral, whom I had never seen before, started off by telling me that I had no right to be where I was, that I ought not to be in Smyrna at all, that my job wasn't a woman's job and that well, franky, I was a nuisance ! It was so British of him. I answered that I desired nothing of him, and that the Americans upon whom I had planted myself had never told me or made me feel in any way that I was " a nuisance." Having thus cleared the air. we sat down to a pleasant luncheon.

The arrival of the British ship was a great godsend, for all the officers and men turned up to help our meagre forces with the embarkation business. It was curious to observe these men who were new to the work, and its efiect upon them. They were rather shocked by the Americans and thought their methods rough. The Americans were not really rough, but only hardened as the British would have been also if they had been at it for three days. I never saw anything more moving than the tenderness of the British bluejacket towards the weak and suffering, the way they handled the women and children and encouraged them, patted them on the back, put their arms around them, carried the sick and emptied their water barrels to the last dreg.

One night as I left the embarkation pier by boat to return on board the destroyer, I watched the Turkish searcelight play upon swimmers of military age who were trying to escape to the refugee ship. The Turks on the pier standing among the white uniformed British and American naval officers were firing on the swimmers. At first they were rather wide of the mark, but as they gradually began to get the range each shot made a splash that grew nearer and nearer to the swimmer. This horrible drama was finally put an end to by my Commodore, who offered to send out a launch to pick up the swimmers on condition that be should be allowed to return them to the quay whence they started, as, being a neutral, he could not hand them over to the Turks. His offer with its conditions was accepted.

Such was the grim and gruesome result of Versailles statesmanship. It was easy for those people seated in their comfortable conference chamber to decide with a pencil and a map that Smyrna should be hagded over to -Greece. In that decision were involved thousands of women and children whose fate was tragic beyond conception.

This particular aspect of post-war Europe I cabled in stirring language to my paper. I believe it raised quite a lot of money for refugee relief. At all events I received another tlousand dollars for myself, and a cable by return telling me that I was a born journalist.

VI

When I got back to my destroyer on the fifth day, the Commodore suggested that if I wished to leave Smyrna I could do so in the U.S. destroyer that was leaving at ten p.m. for Piraeus. It seemed the only thing to do. No passenger steamers called at Sm5rrna, and although I had no need to go to Greece I accepted the offer. Needless to say how sad I was to go. The appalling realities of those days had cemented us into a kind of camaraderie. I felt a real affection for the ship's company, whose courtesy and kindness could never be adequately acknowledged.

How that destroyer pierced through the nightt The sensation was quite different from that of an ordinary steamer. The reverberations of the engines were not the same, and there was a sense oI speed. The next morning we glided into Piraeus. A launch conveyed me and my luggage to the landing steps where I called a taxi. Having arrived in a warship there were no formalities of customs or passports. Would that entry into foreign countries were always as simple!

My first enquiry was for a ship to Constantinople. Haying satisfied myself on that score, I passed through the modern Greek capital with my mental eyes tight shut and opened them only when I reached ihe Acropolis. It was a hot day and out of season (the 1st of October) and therefore tlere were no tourists. I had it very nearly to myself, and gave full rein to my overwhelming sense of hsving been there before. I had dways known that I had lived in Greece. Even A' P. Sinnett, my old friend of the Theosophical Society, had corroborated for me this belief. He claimed to have found out that I had once been a woman sculptor, and tlat by my craft I earned suffecient to keep a spendthrift brother. That brother, he sald, was now reincar-

nated as my father! These details were of little consequence. I scarcely thought of them, nor did my (apparently) first sight of the columned temples fill me with surprise or with the thrill of admiration that should have been expected. I felt rather a great sadness and a great loneliness, not dissimilar to the feeling with which I had revisited the ruins of my Irish days. I was conscious of a great change, of the mass of fragments on the ground, of the denuded temples, and, above all, that all my friends were dead. I seemed to stand alone in this background of the past.

Alone! There were not even any ghosts to dispel my solitude; they too, like me, were living again clothed in modern form, absorbed, engrossed in the methods of modern life.

That night the gate-keeper admitted me into the sacred precincts. A three-quarter moon played hide-and-seek among the clouds. The fluted columns of the Parthenon were brillianfly illumined, and the next moment lost again in shadowy gloom.

I had wrapped myself in a white silk shawl to obliterate my clotles that offended my asthetic sense. Instinctively I left my shoes at the entrance of the temple that there might be no reverberation of heels upon the marble pavements. In stockinged feet I wandered among the giant columns. A soft warm wind caressed my face and played with my hair. The great stillness and the great beauty and the consciousness of the past filled me with deep emotion. I ruminated as one does on such rare occasions, when the soul plays truant to all that is mundane and material, and slips back among the gods, just for a brief space . . . just for one night.

All the misery and human suffering that I had seen at Smyrna, with its reverberant reflection upon the civilization aud politics of our day were obliterated from my haunted mind. I relived the time when there was calm and culture in our lives, when we walked with sure and balanced stride in sandalled shoes, our figures outlined by wind-blown draperies; when beauty was a moral standard.

VII

Athens parched and dusty was crowded with the remnants of its beaten army. Bedraggled soldiers filled the streets, bemedalled officers filled the cafes-refugees herded together on the shore where they were as miserable and neglected as on Turkish soil. Every hour ships arrived and kept unloading more, yet more. . . . The citizens of Athens and the government looked on coldly as much as to say, "'Who are these people?" The Greeks did not recognize them as their own.

Flags were flying from the house-tops as if to celebrate victory, but in reality to celebrate revolution. They did not admit themselves defeated by tle Turk, they said they had been betrayed by their ministers. The war department had appropriated funds and left the army without munitions or clothes or food, or even pay. So to save thet faees for their chaotic flight, they had once more thrown out " Tino," and arrested his ministers (shot them in cotd blood a month later), accepted with a wry face the son of the king as figure-head (whose wife was the decorative daughter of Rumania), and, like perfect gentlemen having (up to that moment) spilled no blood in the upheaval, settled ttremselves outside the cafés to talk it over and drink aperitifs.

The ship that bore me away was held up at sunset at the Straits by a British warship, and allowed only to proceed through the Dardanelles at dawn. A British cruiser then preceded us to Chanak, which was seething with preparations for war. Both sides of the Sstraits were being fortified, guns were being transported, all of which were easily observable, for we stopped at Chanak for several hours.

A Greek merchant who stood at my side (who took me for an American) remarked:

" That is an empty display of might. England has been unable to help Greece, her power is over. Even her moral support is worse than useless, it is misleading. She has to accept whatever the Turks demand: Smyrna, Thrace, Constantinople. . . ."

The words of a person of no importance! Had they been spoken by someone with a name, like Venizelos, they could have been published with big headlines!

At Chanak an Australian came on board who had been working for the Australian government at Gallipoli, constructing cemeteries and identifying bodies. He told me that ten pounds sterling is paid to a Turk for a corpse or a skeleton. Out of 25,000 only 12,000 had been identified. Hundreds of thousands of pounds were being spent on architectural memorials, tree-planting and designing. I said to myself, they cost much, these dead, more indeed than the widows and orphans who are left.

On arrival at Constantinople I learnt the news that a peace conference was about to take place at Mudania, a little village on the coast of Anatolia, at which the AIIies, with the British in predominance, were presiding.
The Pera Palace Hotel was full of fluttering, agitated newspaper men, whose consternation was the result of a British official declaration that no correspondents should be present!
Surely army generals know that whereas shot and shell and mine and gas can intimidate an enemy, there is no way of annihilating the correspondents of the press ! Their job is to be wherever there is anything to tell, and anything that is particularly private or confidential is their especial business. They - that is, we - had obviously to reach Mudania ! British authority did not prevail outside Constantinople. It was only necessary to leave in order to arrive. But how get there? There were rumours of an American destroyer, but this was cancelled. The United States authorities had no wish to be embroiled with the British.
I hovered between two groups in animated discussion, the English and the American: I could belong to either as occasion suited. The English were concerned as to the price of a tug boat and whether the expense were justified, and prominent among them the Times correspondent announced that it was not worth the trouble of going. Whatever news there was he would get at Constantinople. This gentleman being on especially excellent terms with General Harington as well as the British diplomatic representative, could not go against oftcial decrees. He was the victim of his own friendships, but he affected a Britannic indifference.
The chief spirit of the American group was John Clayton of the Chicago Tribune, my charming and hated rival who had outstripped me by twenty-four hours at Smyrna, and queered my pitch with Mustapha Kemal. He had a keen adventurous spirit, was indefatigable and unsuppressible, constantly in trouble with the British censor! He, with an Australian, a Hungarian and a Turk, consented to take me along with and it was agreed that we should pool the cost of the tug boat. It was likewise agreed that we should pool for the common benefit any special news or interviews we might pick up individually at Mudania, so that neither one of us would be getting a scoop on the other. They looked very hard, I thought, at me, and I of course nodded assent.
While John Clafion was chartering a boat and the Australian was organizing food, I rushed off to the passport office to reclaim my passport fhat had been taken from me that morning when I landed. The officials, seeing my great impatience, asked, "'What's the hurry ? My evasion made them suspicious." You know that journalists are forbidden to go to Mudauia ?" one said.
" Oh, yes, I know . . ." I answered.
" Do you want to go to Mudania ? " persisted one, grinning as if it were a good joke.
" Well - yes ! "
" I'm afraid you can't t "
I stretched out my hand for my passport, whereupon he volunteered to ring up headquarters, " and see if I can get permission for you."
" Oh, don't bother," I said, and took the passport.
A few minutes later our little mixed party with its store of bread and sausage rolls and portable typewriters was on its way.
Before we got beyond the Golden Horn a British patrol boat pursued and overtook us. The incident filled us with misgiving. Our ship's papers were, however, mercifully in order, and the presence probably of a woman was disarming. We were allowed to proceed upon our way. The six hour trip across the Marmora was a beautiful dream. The sunset behind Europe coloured the sea like shot silk, a full moon rose over Asia and illumined the night like day.

The Turkish crew had laid Oriental carpets on the little raised platform at the stern. Our little boat was so low in the water that, had one of those sudden storms arisen, we should have instantly been swamped, but the night was uncannily calm and the sea surface rippled as far as the eye could see. One by one the tired men fell asleep, and I alone lay wide awake with my face upturned to the stars, listening to the sound of the water against the boat's side, which is one of the sweetest sounds I know.

At midnight we came in sight of the little town whose very existence was unknown to the world a week before. The lights of great warships added an impressive importance. We tied up alongside the pier and Turkish sentries came and sat cross-legged on the pier's edge, their high fur caps and slung rifles silhouetted against the sky, and they smoked our cigarettes and said they were sorry it was too late to let us land.

The remainder of the night had now to be faced. There was one cabin. It was unanimously given up to me. On deck there were mosquitoes, and the air was fetid with the sickening stench of decomposing bodies, for here too refugees had been embarked as at Smyrna. The ceding to me of the cabin seemed a generous gesture, but I was shortly driven out by fleas. The deck was preferable, with a leather suit-case for a pillow, but I slept only fitfully because I ached so owing to the hardness of the deck and because the mosquitoes bit me and the moon shone down like an arc light in my face, and Turkish soldiers came on board and walked around talking volubly"

The wreck of me accompanied the others early in the morning to the Kouak, or Town Hall, in the little cobble-stoned village street where the conference was taking place. British, French and Italian representatives had landed at our pier from their respective warships at the same time that we landed from our tug boat. We were known to all of them and caused surprise.

The French smiled, the Italians laughed, and the British frowned, There were no Greeks for the Turks would not let them land! They remained on board a disreputable old liner which flew no flag and was half hidden behind the British flagship.

The arrival of our party at the Town Hall astonished the Turks, especially as I was the only woman. Turks and Allied officers were sitting on a verandah overlooking the sea, discussing the latest developments and possibilities. I had only been among them a few minutes and was enjoying a cup of Turkish coffee when Colonel Sarou. the French military attaché, invited me to go upstairs and see Mr. Franklin Bouillon, who remained apart, refusing to be present at the conference disputes. Probably he did not want to wrangle with the British. Be that as it may, he remained hidden in a room that formed his study by day and Ismet Pasha's bedroom by night.

A fat jovial man with twinkling eyes and laughing face greeted me, and after he had had a good look at me he asked:

" And what are you doing here, madarne ? "

" I am going to interview vou," I said.

He laughed.

" You are the enfant terrible of Europe l "

Then after some conversation, during which he seemed to be interviewing me more than I was interviewing him, he asked suddenly with a mischievous twinkle:

" May one ask, madame, where you intend to sleep tonight?!

" I shall frnd some place, I suppose."

Then he became suddenly serious. "'W'e will look after you," he volunteered; and he did. (Though why, considering I was a British subject and British ships loomed largely in the port, and that I was writing for America and had in fact no possible connection with the French, he should have undertaken my protection was, I suppose, another instance of the hand of Providence). He took me back with him on board the French flagship to lunch, and Admiral Dumesnil, after a whispered conversation with him, offered me hospitality. A lieutenant gave me his cabin, and I spent the next few days in the Admiral's quarters.

Here also were General Charpy and my friend Hamid Bey, the representative of Angora.

During these days Franklin Bouillon talked to me, explained to me, and dictated articles to me (which as the British censor would not pass them, were dispatched through the French Embassy). Peihaps Franklin's motive in befriending me was in order to use me as a channel for French propaganda. In that respect he resembled the Bolsheviks, who also saw in me a worthwhile instrument. As then, now also I tried to retain my judgment and independence of thought, but obviously one ends by being influenced if one hears only one point of view. The Rritish were annoyed because I was on board the French ship. But why, then, did they not offer me the protection that others considered to be my due ? It seemed to be left to the courtesy of any national except my own to take pity on me.

The British admiral who was present at Mudania happened to be Sir Osmond de Beauvoir Brock, who in olden days was Charlie Beresford's flag captain when Peter was a midshipman in his ship. I knew him well. Admiral Dumesnil himself framed a message to him to the effect that, ,, Madame Sheridan is on board and would like to see you." A few minutes later, he returned to me with a very serious expression.

" Madame," he began, as if he had something of import to communicate that required prefacing, .. I present you with apologties a message which f never thought I could- have to deliver from a gentleman to a lady." And he made a courteous bow. The message that was signalled back and that all the ships could read was simply that Admiral Sir Osmond de Beauvoir Brock regretted that he had not time to see Mrs. Sheridan If the message lacked the chivalry of the Admiral's high-sounding name. it was thoroughly typical of his personality such as I remember in ihe pait at Malta. When Admiral Brock came to visit Admiral Dumesnil, Franklin and I watched the British barge come alongside, maneuvered perfectly, the bluejackets manned their boathooks like automata. I nudged Franklin : ,, C'est chic, hin ? "

" Chic, I should think so ! " he replied, " but expensive bcyond the means of a Republic." When John Clayton knew that I was on board the French flagship, his nervspaper face clouded and my conscience smote me as I remembered our agreement to pool our news. He asked me if I had had a worth-while interview with Franklin Bouillon. I could not tell him that I saw every telegram that was exchanged between him and Kemal, that every article I wrote or news I cabled was framed word for word by Franklin, and that in fact I'd got the biggest scoop that anyone could hope for.

'To English people as a whole the name of Franklin Bouillon was anathema. He was supposed to represent everything that was anti-Iinglish. Maybe he fooled me, but at all events the impression that I got was quite different. I would not have consented to send cables to America that wronged my own country, and Franklin did not ask me to. But my sympathies were with the Turks, and as Kemal said, so were the sympathies of the English people: it was only my Government that entertained a contrary policy, and who, having backed the wrong horse, had landed tliemselves into a perturbing position.

I openly tackled Franklin on his reputed enmity to England. He disclairned most emphatically that he either disliked or worked against the English, he worked for France, and he explained:"France is a most loyal ally, and wants only to prevent England from adopting a surely disastrous course. France also wants to protect the Turkish people whose cause is just."

His mother was English, and he spoke our language before he spoke his own. He had two very distinct sides to his nature. He was very molqueur and very emotional. He had a passion Ior music and said that he would rather have been a composer than a politician. He had given up years of his life, however, to Eastern problems and Eastern people because they appealed to him; it was entirely owing to his friendship with Mustapha Kemal that the war stopped when it did (fifteen days before the conference). The telegrams which brought about this phenomenon were as follows:

" I beg you for the sake of our old friendship and in memory of fateful days past, to cease all military movements and reply to no diplomatic note, at least until you have seen me. Your friend, Franklin Bouillon."

And the reply:

" I await your arrival. Come at once. Your friend, Kemal."

After this it was agreed between the French and Lord Curzon in Paris that Franklin Bouiilon should leave for the East. When Ismet Pasha was asked by a group of international journalists to explain the part that Franklin Bouillon had played, he answered:

" Franklin Bouillon has done what the whole world could not succeed in doing, he has stopped our army from fighting for a fortnight!"

But could this armistice be maintained ? Franklin had arrived in the hope of maintaining it; his one aim and object was that armistice might evolve into permanent peace. But meanwhile every day that passed was a day gained to the Greeks for reorganization should war proceed; time therefore counted against the Turks. Turkish strategy was to follow up their blow with another, to hit again and hit hard before the opponent had time to regain breath. They were naturally impatient of the delay enforced by the conference. At quickest it took three days for a wireless message and reply to reach Mudania from Paris. Lord Curzon and Poincard were known to be conferring, but events had happened so suddenly that neither Government had had time to discuss and agree upon their respective and combined policies.

October the 8th was the great day of tension, during which the situation hung upon a thread. No one was sure if we were assisting at peace-making or at war-making. All day the news fluctuated from good to bad with the caprice of an April wind.

At midday the news clouded. I sat next to Franklin at lunch. He tried to mask his feelings, he made witty remarks, but with tears in his eyes. I watched and listened and tried to glean the latest news, rather as one hovers outside a sick chamber, awaiting the doctor's bulletin. All afternoon we waited. Franklin was on the verge of despair. He had tried so hard, he said, to keep the Peace, he could do no more. He ordered his cruiser to be in readiness to take him back as he might have ordered his car. I sat with him after dinner on the deck of the Edgar Quinet while he wrote a final eloquent appeal to Mustapha Kemal:

" For the sake of world peace, it is your duty to accept the settlement that is ofiered you and which in no way conflicts with Turkish prestige."

There was a golden moon that night, that shone down upon the snowy mountain peaks. Franklin paced back and forth, a prey to violent agitation. He needed to disburden himself of the things that filled his mind. He called me:

" Come liere, my petite éleve, and listen to me." (He called me his " éleve " beciuse he had been a journalist once, and he said I needed training.) " Listen to what I say-" and he poured forth in a rapid passionate flow, a synthesis of the Turkish situation.

"IJnderstand, these people are animated with a sense of nationalism that is undefeatable the world does not know, does notrealize this new Turkey which is born out of theWar.This crisis is created by false politics-the English and American papers speak only of massacres by the Turks, they do not seem to know that between Eski-Shehir and Smyrna the Greek army has burned every town and village-and killed all the inhabitants. A million Turks are roving homeless and naked on the roads of Anatolia." Then suddenly he broke off, and in an aside exclaimed: " Mon Dieu ! In advocating peace what a responsibility I am taking upon myseU, towards the Angora government."

I wondered in that pulsating moment if he doubted perhaps the loyalty towards his enterprise of the government whose emissary he was. Can one ever count on governments ? He adopted the methods of an autocrat, but would he succeed ? It was an anxious moment, but he was very courageous, he had the power of his convictions.

That night there was no sleep. Everyone waited for the decisive news, expecting a declaration of war to be announced, by the twinkling lights of the wireless at the point of the masthead. Our hearts were heavy-so heavy.

Early the next morning Kemal's dramaticaliy simple answer was handed to Franklin:

" Your advice has been adopted. His Excellency Ismet Pasha is authorized to sign the convention immediateiy."

Franklin rushed ashore excitedly. The tension was broken : it was peace not war. But when the little deaf. Marichal understood the context of the telegram, there were tears in his eyes and he shook his head:

" It is not what I hoped," he said, " it is not the reward that our sacrifice deserves."

Franklin, with an arm round Ismet's shoulder, assured him that his country was bigger that day in giving way for the sake of world peace : " than at Afiun-Karahissar when your army was defeating the enemy that had devastated your land."

This oratory was capped characteristically by Ismet:

" It is your day of triumph, my friend, and my disappointment must be obtterated in your joy.,,

And tben the British proclaimed that peace was entirely due to their show of force!

At last in the blue dawn of October 11th, after a night of vigil in the Konak (while inexperienced typists mide five copies of the peace document for each and all to sign) we were summoned to the Council Chamber. In an uncanny silence the papers were handed round from General Harington to the Italian General Monbelli, from him to Ismet pasha, and so to General Charpy. Everyone showed signs of strain, the beards of the men had grown visibly during the night. At that moment there was a strange noise from the Greek ship in tLe harbour. " A groan from the Greeks," said someone. It was a reminder of their existence. It sounded like a final protest from the people whom the conlerence concerned in the main, who had taken no part in the discussions and whose general (Mazarakis) according to the announcement of Ismet Pasha, refused to sign. They were being disposed of as though they had no will of their own.

When someone stepped on a dog and a newspaper man with a kodak fell off the table, onefelt an irresistible desire to giggle idiotically. Then General Harington nenously made a little speech. He said: " W'e met as strangers, but we part as friends." Ismet Pasha, so deaf that all compliments were wasted on him, replied with perfect self-possession that the anxious day of Mudania would be among his happiest memories I The Turkish military band that had played Turkish tunes throughout the night now gave vent to a triumphant march, and we all went back to our ships for eggs and coffee, and every ship weighed anchor as quickly as possible and steamed away at full speed.

On arrival at Constantinople we found that innumerable British troopships had arrived with reinforcements. A red cross ship brilliantly painted red and white was ready for emergency. fu the Edgar Quinet passed the British flagship they played " The Marseillaise " and we replied with " God save . ." and thus all ended well that might have ended so disastrously.

Bibliographie

C
Churchill, Winston *The World Crisis III, The Aftermath* (London: Macmillan, 1941)

G
Glasneck, Johannes *Kemal Atatürk und die moderne Türkei* (Freiburg: Ahriman-Verlag, 2009)
Gronau, Dietrich, *Mustafa Kemal oder Die Geburt der Republik* (Frankfurt: Fischer, 1994)

H
Hemingway, Ernest "Die Flucht aus Thrazien" *The Toronto Daily Star* (20 Oktober 1922)
Horton, George *The Blight of Asia, An Account of the Systematic Extermination of Christian Populations by Mohammedans and of the Culpability of Certain Great Powers; with the True Story of the Burning of Smyrna.* (Indianapolis: The Bobbs-Merrill Company, 1926); repr. (London: Sterndale Classics and Taderon Press, 2003)
Housepian, Marjorie *Smyrna 1922. The Destruction of a City* (London: Faber, 1972)

K
Karavasilis, Niki *The Whispering Voices of Smyrna* (Pittsburg, Dorrance, 2010)
Kinross, Lord Atatürk. *The Rebirth of a Nation* (London: Weidemfeld, 1960)

M
McMeekin, Sean *The Ottoman Endgame. War, Revolution and the Making of the Modern Middle East, 1908-1923* (London: Allen Lane, 2015),
Milton, Giles *Paradise Lost: Smyrna 1922: The Destruction of Islam's City of Tolerance*, (London:; Hodder & Stoughton, 2008).

N
Nicholson, Harold *Nachkriegsdipolmatie. Curzon the last phase 1919-1925* (Berlin: Fischer, 1934)

R
Raber, Oran "New Light on the Destruction of Smyrna" *Current History 19:2 (May 1923), pp. 312-319*
Richter, Heinz A. *Der griechisch-türkische Krieg 1918-1922 (*Mainz. Rutzen: 2016)
- "Die pontischen Griechen" in: idem, *Die Ägäiskonflikte im 20. Jahrhundert* (Wiesbaden: Harrassowitz, 2022), pp. 11-15

S
Sakayan, Dora *Smyrna 1922. Das Tagebuch des Garabed Hatscherian* (Klagenfiurt-Wien: Kitab, 2006)
SAM Papers 99/No. 7 (Ankara, 1999)
Shaw, Stanford & Ezel Kural Shaw, *History of the OttomanEmpire and modern Turkey (Cambridge: UP, 1977)*
Sheridan, Clare *Ich, meine Kinder und die Grossmächte der Welt. Ein Lebensbuch unserer Zeit* (Leipzig: Paul List, 1928)
- *Nuda Veritas* (London: Butterworth, 1938)
- *Nuda Veritas* (Paris: Librairie Stock, 1935)

T
Turkish National Commission for Unesco (ed.), *Atatürk Biography* (Ankara, 1981),

U
Ureneck, Lou *The Great Fire. One American's Mission to Rescue Victims of the 20th Century's First Genocide* (New York: Harper-Collins, 2015).